EL CONTRATO DE FRANQUICIA EN NICARAGUA:
Propuesta de Marco Regulatorio

Avil Ramírez Mayorga

TESIS MONOGRÁFICA PRESENTADA POR EL AUTOR, PARA
OPTAR AL GRADO DE LICENCIADO EN DERECHO DE LA
UNIVERSIDAD CENTROAMERICANA, EL QUE FUE
MERECEDOR DE LA DISTINCIÓN ACADÉMICA
CUM LAUDE
Managua, Nicaragua
Julio de 2014

DEDICATORIA

A Dios,

Quien me ha bendecido con la dicha de una educación Católica de calidad e íntegra, así como por haberme dotado de pruebas para permitirme descubrir mí inteligencia y discernimiento.

A mis padres,

Avil y Carolina, así como al resto de mi familia, quienes constantemente me aconsejaron y orientaron para que tomara las mejores decisiones, así como mostrarme de que nunca debo de conformarme y siempre aspirar a lo más alto.

A mis Abuelos,

"Chendo", Martha, Vilma y "Toño" (QEPD), que para mí es un orgullo y un sueño alcanzado ser el primer profesional de sus nietos.

AGRADECIMIENTOS

Esta obra es producto de un arduo trabajo, el cual hubiera resultado imposible sin el apoyo de las siguientes personas:

Eduardo Andrés Calderón Marenco, mi Tutor, quien constantemente me brindó críticas constructivas en aras de lograr un mejor trabajo así como resaltar mis fortalezas y apoyarme en mejorar mis debilidades.

Bosco Noguera Mayorga y al equipo de MG & Asociados, quienes me abrieron las puertas de sus oficinas para que pudiera realizar mis pasantías y me cuidaron como a un hijo, permitiéndome adquirir una gran experiencia y apreciar como es la realidad de esta carrera, lo que permitió que me apasionara más con el Derecho.

Mis profesores, quienes cariñosamente trataron de transmitirnos sus amplios conocimientos así como formarnos como profesionales y por haber podido contar siempre con sus valiosos comentarios.

Mi Comunidad, "Movimiento de Cursillos de Cristiandad", quienes han sido un valioso soporte en mi formación mediante la inculcación de invaluables valores y enseñanzas de vida.

Mi Colegio Calasanz, por haber inculcado en mí esa "Piedad y Letras".

INDICE

INTRODUCCIÓN

El presente trabajo investigativo tiene como objetivo efectuar un detenido análisis jurídico de la situación del Contrato de Franquicia en Nicaragua para poder determinar la forma en que esta figura debería ser incorporada a nuestro ordenamiento jurídico y poder conocer el marco regulatorio afín a esta modalidad de negocios que actualmente disponemos.

En aras del cumplimiento de esta misión, es importante plantearse la interrogante acerca de las razones y el contexto que le dieron surgimiento a esta figura así como analizar sus características y su naturaleza jurídica en la actualidad. Todo esto nos permitirá entender como las grandes empresas internacionales, con reconocidas marcas, se han logrado posicionar en el mercado y el grado de responsabilidad que ha tenido el Contrato de Franquicia en esto.

Posteriormente, se adentrara en la esencia de la figura contractual per se para conocer las características y los elementos esenciales en este contrato, así como los contratos afines o accesorios a este, deteniéndonos en cada uno de ellos para resaltar los elementos principales. De igual manera se abordara acerca de las partes objeto de este negocio, a como lo son el Franquiciante y el Franquiciado, para luego poder establecer una clasificación de los tipos de Franquicia en base a las peculiaridades de cada una.

Después de haber hecho un repaso por la figura, concluiremos con un análisis de la misma en el Derecho Comparado, para auxiliarnos de las experiencias vividas por distintos Estados tales como México, Argentina, España, entre otros para destacar los elementos que vale la pena incorporar a un marco regulatorio y, en base a eso, hacer la propuesta de los aspectos que el mismo marco debería de abarcar así como la designación de un órgano rector del mismo que se encargue de velar por el registro de las mismas en el país así como de su fomento en el interior y exterior de Nicaragua.

CAPÍTULO I

ANTECEDENTES DEL CONTRATO DE FRANQUICIA Y NATURALEZA JURÍDICA.

1.1.- Orígenes

De acuerdo al maestro Julio Fernández, para hallar el origen de la palabra franquicia habrá que remontarse hasta la Edad Media, en donde la elocución *"Franc"*, del francés antiguo, representaba un privilegio que el monarca le concedía a determinados súbditos de origen franco (gentilicio germano popularizado como sinónimo de sujeto libre, exento de cargas fiscales, noble, entre otros), ubicados en el tramo francés del "Camino de Santiago", para facultarlos a ejercer actividad es propias del mercado, pesca o forestales, a través de la expedición de una "Carta Franca" (P. 761). Libertad o exención de servicio podría ser una traducción aproximada al vocablo *"Franc"*. También surge en virtud de la concesión hecha por la Iglesia Católica, a ciertos señores de tierras para que actuaran en su nombre recolectando los impuestos para la misma, recordando el gran poder que poseía la curia católica sobre Europa en la edad media. Asegura el profesor Bendaña (2001) que existen documentos que demuestran la existencia de estas concesiones y el primero sobre el que se tiene información es aquel que refleja la concesión de una franquicia otorgada en la localidad francesa de Chambey, en marzo del año de mil doscientos treinta y dos.

Igualmente, manifiesta el profesor Fernández que en Inglaterra se reconocían concesiones con parecida envergadura, mediante la figura del *"Franchise"*, que era un permiso que el Rey le confería a un sujeto, en donde se le otorgaban ciertos privilegios como el derecho de dirigir un mercado en un lugar propio del reinado, o explotar un servicio público como el transporte (P. 763).

La necesidad que afrontó el estado del comercio para que requiriera de nuevas figuras contractuales, como la Franquicia, para que los comerciantes pudieran extenderse a otros niveles y con un costo menor, primero fue necesario la reconfiguración de las prácticas comerciales de la época, lo que se tradujo en pasar de lo artesanal a lo industrial, cambiando todo el proceso habido y conocido de producción por el hombre por uno más sistematizado y eficiente.

Fue mediante la revolución industrial, considerado el mayor cambio socioeconómico y cultural de la historia, que se hizo posible la modernización de nuestras prácticas y usos comerciales. Fue en tres marcadas épocas en donde se apreciara la influencia que tuvo sobre el futuro surgimiento del Contrato de Franquicia, en base a los nuevos requerimientos. En tal sentido, fueron tres las fases de la revolución industrial que influenciaron en el surgimiento per se del Contrato de Franquicia hasta lo que hoy en día es el Contrato de Franquicia.

De acuerdo al profesor Julio Fernández, en la primera fase de esta histórica revolución industrial, que abarca desde 1750 a 1840, se pusieron los cimientos que permitirían el desarrollo y expansión de las comunicaciones entre las ciudades y los poblados a otros niveles, gracias al surgimiento (principalmente en occidente) del motor de vapor en el siglo xviii, que facilitó la creación de maquinaria agrícola y vehículos de transporte, impulsados por el vapor (P. 764). Es menester destacar que fue la invención del ferrocarril la que marcaría la mayor innovación de la época, lo que permitió el desarrollo y la intercomunicación de las grandes urbes así como el nacimiento de otros centros urbanos. La maquinaría facilitó igualmente una mayor producción de los elementos y manufacturas necesitados en otras industrias, lo que conllevó a un efecto en cadena.

Lo anterior, junto al desarrollo del telégrafo, repercutió directamente en la vida del comercio, al cambiarle su matriz del día a día. Gracias a la revolución industrial se lograron especializaciones comerciales y se creó un mercado nacional y otro internacional, con todos los efectos burocráticos propios de nuestros días. En esa misma línea, el profesor Julio Fernández sostiene lo siguiente:

> *"Esta nueva forma de trabajo colectivo, pese a que aumento la producción de bienes y servicios, requirió de un sistema de comercialización que estuviese acorde con dicho crecimiento, implicando la contratación de mano de obra y el incremento de los costos de producción."* (P.786).

Según la Asociación Mexicana de Franquicias, se afirma que los primeros vestigios de Franquicia aparecen en esta época, concretamente en la década de los años cincuenta, con un hombre que soñó con vender su producto a otros niveles, que no le eran permitidos con su falta de recursos financieros y humanos para poder consignar su invención a lo largo del mercado estadounidense. Este hombre, que se dedicaba a surtir máquinas de coser, decidió vender los derechos sobre las máquinas de coser a distintos empresarios locales para que estos las hicieran llegar al consumidor y a la vez les enseñaran a usarlas a los clientes. Con los ingresos por la cesión de los derechos logró autofinanciar la fabricación de su producto, por lo que la empresa empezó a crecer y darse a conocer de manera considerable, gracias a la pericia de los negociantes locales. Con esto, podríamos afirmar, que se creó la primera red de franquiciatarios. Este hombre fue Isaac Meritt Singer y su producto hoy es una marca de renombre y referencia internacional en máquinas de coser, las famosas máquinas Singer.

La segunda fase se da a finales del siglo xix (entre los años 1880-1914) y es donde surge una nueva oleada de invenciones: el motor de combustión interna, la electricidad, la química sintética y el automóvil (Fernández. P. 767), los cuales jugarían un rol clave en el desarrollo de la vida en sociedad por como transformarían el día a día de las personas, sin mencionar el sinnúmero de oportunidades que se abrieron con la invención de la electricidad.

Los principales centros urbanos experimentaron un gran aumento en la demanda de alimentación, por lo que se hizo necesario recurrir a la importación de enormes cantidades de alimentos y materia prima, sobretodo de las crecientes naciones de Rusia y Estados Unidos. Esta enorme demanda produjo una rápida transformación de los métodos agrícolas, así como el desarrollo de nuevas técnicas para la conservación y transportación de alimentos, y por tanto un concepto nuevo en la producción y en la comercialización de bienes y servicios (Fernández. 768).

Durante esta segunda evolución y gracias a la segunda fase de la revolución industrial, la empresa de automotores estadounidense General Motors tomó gran ventaja de estas invenciones, porque necesitaba expandirse pero no disponía de los recursos económicos para lograrlo, por lo que diseñó un proyecto de distribución y ventas de sus automóviles en diferentes puntos al por menor-tomando como base un sistema similar al empleado por Singer- para poder llegar a los diversos mercados, sin tener que realizar grandes inversiones. Hoy, esta gigante aplica un esquema de Franquicias, comúnmente denominados "concesionarios o distribuidores".

Un año después, en 1899, este mismo modelo fue imitado por la reconocida empresa Coca-Cola, la cual concesionó la venta de su jarabe (así se le denominaba a la bebida, en vez de gaseosa) a cambio de instalar, mediante el otorgamiento de exclusividad, diferentes puntos de ventas en una determinada localidad. Sostiene Fernández (P. 769) que fue este suceso y el otorgamiento de sub-concesiones lo que le permitió a la Coca-Cola convertirse en la mayor embotelladora del mundo y en una de las marcas más reconocidas del mundo. En Francia, simultáneamente sucedía algo similar con una famosa tienda de tejidos, La Caniere de Roubaix.

La tercera fase de la revolución industrial tuvo lugar posterior a la segunda guerra mundial, y es en esta fase donde esta figura presiona el detonante, debido a las necesidades de recomponer la economía mundial. Esta tercera fase se encuentra vigente y se ha visto fortalecida por las grandes invenciones de la segunda mitad del siglo xx y la innovación que ha traído este siglo xxi, haciendo de las comunicaciones una herramienta de inconmensurable valor al alcance de todos a través de dispositivos de bolsillo como los teléfonos inteligentes, que están sustituyendo a otros elementos tales como la computadora, gran portavoz de la innovación en los ochentas y noventas.

1.2.- Estallido de las Franquicias

El gran estallido de las Franquicias en los Estados Unidos se produjo después de concluida la Segunda Guerra Mundial, cuando miles de soldados estadounidenses regresaron a su país y se hizo urgente su incorporación a la vida civil dentro de la sociedad. El hecho de que no tuvieran conocimientos comerciales ni formación profesional, en su mayoría, suponía un gran problema para encontrar trabajo, pero como la mayoría disponía de cierto capital- producto de los bonos de guerra entregado a cada valeroso soldado- acertaron en poner un negocio en régimen de Franquicia, que garantizaba el asesoramiento técnico de otras personas más preparadas.

Por otra parte, considera el Profesor de Cuba Ailed Mojerón que el crecimiento repentino de la población norteamericana y el incremento generalizado del poder adquisitivo de los consumidores, generó una fuerte demanda de una variada gama de productos, al mismo tiempo que los avances tecnológicos permitieron la creación de nuevos productos y servicios. Era el clima idóneo para el desarrollo de las Franquicias por la gran demanda de una variedad de productos y servicios en la época y la bonanza que se estaba experimentando (P. 19).

En relación con las ideas anteriores y de una manera acertada y detenida han sostenido Casa y Casabó (1989) que las principales causas atribuibles a la expansión de las franquicias son las siguientes:

1. Los cambios socioeconómicos en los Estados Unidos y otros países desarrollados de Europa de la época, en donde tanto los Estados Unidos a como los países de Europa occidental empezaron a desarrollar nuevas prácticas comerciales post-guerra atendiendo al fenómeno de la globalización, que se empezaba a perfilar vagamente;

2. La incorporación en masa de la mujer al mundo del trabajo, con la ventaja económica que representa para las familias contar con más de un ingreso, cuando históricamente se manejaba que era el hombre quien debía proveer a la familia, para mejorar el poder adquisitivo de las familias, sobre todo en la pujante clase media, sin dejar de mencionar lo refrescante que fueron las ideas introducidas por ciertas emprendedoras tanto en pequeña, mediana y grandes empresas;

3. Los sistemas de telecomunicaciones que se fueron desarrollando considerablemente permitieron a las empresas de este rubro desarrollar de una manera eficaz su propaganda y lograr traspasar fronteras al expandir el mensaje hacia masas que en su momento eran inconcebibles, sobre todo con el naciente fenómeno de la globalización, el lanzamiento de la comunicación satelital, el surgimiento de la internet, entre otros factores que le facilitaron las labores a este rubro y;

4. El espíritu emprendedor de las jóvenes generaciones de estos países desarrollados, que contando con nuevas y mejores herramientas se han visto más incentivadas a

emprender, destacando la utilidad de las nuevas tecnologías de la información y la comunicación.

Según el profesor Fernández, se debe destacar que el Contrato de Franquicia no nace como una necesidad jurídica sino que es el hecho económico, como hecho cultural (P. 760), el que le da nacimiento al contrato, independientemente de su reconocimiento jurídico, el cual no surge sino hasta la década de los setentas en el siglo XX, en el Estado de California, Estados Unidos, pese a los vestigios de práctica casi centenaria de esta figura contractual.

1.3.- Auge del Fenómeno de las franquicias

Ya para los años cincuenta, entraron al mercado (primero al estadounidense y posteriormente internacional) tres estandartes de lo que hoy son las Franquicias: la empresa de proveedora de servicios de restaurantes de comida rápida McDonald's, la empresa de servicios de restauración y cadena de hotelería Holiday Inn y la empresa de alquiler de automóviles Hertz Rent-A-Car, lo que constituyó un importante avance en el acelerado desarrollo de las Franquicias, por la rápida expansión que tuvieron alrededor de la orbe y el inmediato reconocimiento que han ido adquiriendo las marcas, aparejada de la reputación cosechada.

Se puede apreciar que el crecimiento de los establecimientos de comida rápida fueron grandes contribuyentes al fortalecimiento de las franquicias. De hecho, se le reconoce a McDonald's el sistema de franquicias con mayor éxito en el mundo, por la cantidad de franquicias operando a nivel mundial así como los ingresos que generan estos franquiciados, sin dejar de mencionar la consolidación de la marca a nivel internacional como una de las más reconocidas y con mayor valor mundialmente.

Dentro de esta tercera fase de la Revolución Industrial, y producto de la rivalidad de la guerra fría entre Estados Unidos y la Unión de Repúblicas Socialistas Soviéticas (URSS), se da un magno avance en materia de telecomunicaciones, con el lanzamiento de satélites al espacio, que permite que canales televisivos traspasen fronteras para adquirir audiencias internacionales, lo que conlleva a adquirir mayor relevancia e influencia. Así mismo, se da una tercera oleada de invenciones en la década de los setentas y ochentas.

Estas innovaciones han permitido cambiar la matriz de las prácticas comerciales del día, a lo que Julio Fernández expresa: "Estos avances han permitido lograr la expansión territorial de la gran empresa mediante la conquista de nuevos mercados" (P. 773), lo que consideramos un elemento vital para comprender la expansión de las marcas a otras esferas inimaginables en décadas anteriores.

Para el año de 1988, más de un millón de establecimientos operaban bajo la figura de la Franquicia, empleando a más de siete millones de personas, solo en Estados Unidos. Fenómeno similar se estaba viviendo en Europa.

La Franquicia se ha difundido como un medio apto y propicio para el crecimiento de las empresas y de las economías en general, en Estados Unidos y Europa, pero destacando que con el pasar del tiempo se han ido posesionando fuertemente en territorios asiáticos (como Japón, Corea, Singapur, India, Taiwán y China) y latinoamericanos (sobre todo en Brasil y México).

Estadística anterior que va de la mano por lo afirmado por el profesor Bendaña (2001), al asegurar que la experiencia internacional ha demostrado la utilidad de la franquicia, sea como forma de descentralización del capital, sea como estímulo y apoyo a la pequeña y mediana empresa. (P. 574)

1.4.-Desarrollo de las Franquicias en Nicaragua

Nicaragua tradicionalmente ha operado como un receptor de reconocidas franquicias internacionales tales como: MCDonald's, Burger King, Pizza Hut, Hilton Princess, Subway, TGI Fridays, entre otras renombradas. Pero, a partir de la primera década de este siglo veintiuno se empezó a revertir (mínimamente) esta tendencia recepcionista, considerando que la empresa Delipollos (de capital nicaragüense) otorgó la primera franquicia de la reconocida Tip-Top a una empresa en Estelí y posteriormente se expandió a Honduras, logrando la internacionalización de la marca. Así mismo, la cadena de restaurantes Hippos y Woody's otorgaron en el 2009 una franquicia a una empresa costarricense para que desarrollara restaurantes similares en dicho país.

Pese al avance que se ha venido sosteniendo, es destacable que el hecho de no contar con un marco regulatorio nos ha hecho ver (a

Nicaragua) como un país poco atractivo para esta modalidad de operaciones, por considerar la falta de seguridad jurídica como algo determinante para no incursionar en nuestro país o para dejar de operar en el mismo. A la vez, la inestabilidad económica y política que históricamente ha gobernado a Nicaragua ha sido otro elemento clave por el cual gran parte de las franquicias internacionales optan por no incurrir en otros Estados, al considerar que en Nicaragua no se brindan suficientes garantías, tendencia que paulatinamente ha ido modificándose positivamente.

1.5.-Naturaleza Jurídica

La naturaleza jurídica opera con el objeto de conocer la identidad de las diversas figuras jurídicas, con aras de poder comprenderlas y poder mejorarlas. En sus prolegómenos, el contrato de franquicia asume la modalidad de una licencia comercial, tomando en consideración la naturaleza de las prestaciones que engendra para las partes, teoría que ya ha sido desfasada por la doctrina debido a la transformación de la Franquicia. Según el profesor Jairo Guzmán, para que un acto jurídico constituya un contrato como tal, se debe de basar en un encuentro de voluntades sin ningún dolo de por medio, que incluya un choque de intereses. (P.11)

Actualmente, los Contratos de Franquicia son vistos como un contrato mercantil de apoyo empresarial que implica un modelo de colaboración entre empresarios independientes, usualmente entre un empresario que posee una marca de productos o servicios que ha sido probada con éxito y posee una reputación que lo respalde y un empresario emprendedor que quiere incursionar en un rubro determinado similar al del empresario consagrado pero no posee los conocimientos necesarios.

El artículo ochenta y dos (82CC) del Código de Comercio de Nicaragua repunta lo siguiente: "*Son mercantiles y de consiguiente están sujetos a las disposiciones de este código, todos los contratos u obligaciones relacionadas con los negocios a que se refiere el artículo 20*".

En ese artículo del párrafo anterior se encuentra la naturaleza mercantil del Contrato de Franquicia, pese a que no disponga de una regulación expresa y directa, por la costumbre comercial y los usos repetitivos se debe reputar al Contrato de Franquicia como tal. Se deberá recordar que la enumeración de los contratos y obligaciones mercantiles del artículo 20 del Código de Comercio de Nicaragua no es de ninguna manera taxativa, por tanto tienen presente los cambios más las costumbres y usos comerciales que se vienen desarrollando últimamente, afirmación que se ve reforzada por los artículo 3 y 5 del código de comercio de Nicaragua.

De igual manera, otros juristas sostienen que esta figura calificaría como un contrato de concesión puesto que el Franquiciante le transfiere ciertos derechos-sobre todo de propiedad intelectual (principalmente la marca porque esta es la cara del negocio que ya ha sido probada como exitoso con el tiempo) para su explotación temporal en un determinado territorio.

 En Estados Unidos (regulado por las "Reglas de la Comisión Federal de Comercio16 C.F.R. Parte 436") y en España (Ley 7/1996 de Ordenación del Comercio Minorista) se toman al Contrato de Franquicia como una figura idéntica a la Licencia de Uso de marca.

Características

Según Mojerón Grillo este es un contrato pues comprende un acuerdo de voluntades entre dos partes que da origen a una relación jurídica, de la cual nacen derechos y obligaciones a largo plazo para las partes contratantes y que consiste en una prestación de dar, que recae a su vez sobre bienes de naturaleza inmaterial objeto de propiedad intelectual e industrial. El éxito de una de las partes va ligado al de la otra, por lo que se puede apreciar la necesidad de la cooperación recíproca. (P. 19)

El Contrato de Franquicia puede llegar a confundirse con otras figuras contractuales por sus características, por lo que es necesario delimitar con precisión cada uno de los elementos esenciales de este contrato para estar convencidos de que se está tratando de una figura que comparte elementos con otras similares pero que en su sustancia es diferente a las demás, como se abarcará más adelante. Siguiendo esa lógica, el jurista costarricense Manfred Ureña considera que el Contrato de Franquicia es un Contrato Mercantil y que además posee las siguientes peculiaridades o características que lo diferencian de otras figuras afines:

Consensual

Es consensual debido a que se perfecciona con el acuerdo de voluntades o consentimiento por parte de las partes contratantes. Impera el principio de la libertad de formas debido a la falta de regulación explícita. Pese a que no posea una forma u solemnidad especifica, es conveniente, por la complejidad y sensibilidad de estos, exteriorizar el consentimiento por escrito, por cuanto solo el contrato escrito permitiría plasmar las características del negocio así para probar la existencia del negocio jurídico y las cargas obligacionales de las partes.

Bilateral

Es bilateral debido a que ambas partes se verán dotados de derechos y se les impondrá cargas obligatorias, que consistirán en actividades de dar, hacer y abstención de dar u hacer. En otras palabras, cada parte tendrá una prestación que cumplir a la otra y a su vez tiene el derecho de recibir y exigir una prestación de la otra parte, habiendo siempre intereses contrapuestos. Pese a no estar regulado, las prácticas exigen una serie de obligaciones sine qua non para este tipo de contratos.

En nuestro ordenamiento jurídico encontramos la bilateralidad del contrato establecida en el artículo dos mil cuatrocientos cuarenta y tres (2443 C.) del Código Civil que prevé: *"Es contrato unilateral aquel en que solamente una de las partes se obliga, bilateral, aquel en que resulta obligación para todos los contratantes".*

Principal

Es principal por tanto no depende de un contrato madre para su existencia, aunque puede poseer antecedentes mediante pre-contratos de entendimiento. Vale destacar que este contrato, debido a que posee substantividad propia, puede derivar en otros, como el otorgamiento del contrato de Know-How o la Licencia de Uso sobre una marca, nombre comercial, emblema o cualquier otro signo distintivo e inclusive patentes. Todo en aras de que el franquiciado pueda desarrollar el producto o prestar el servicio de la misma manera que lo vienen desarrollando el franquiciador, cuestión que resultaría imposible sin contar con el saber-hacer, desarrollado mediante un manual por el ostentador de la franquicia ni el permiso para hacer uso temporal de sus derechos de propiedad intelectual.

Oneroso

Es oneroso porque se presume que las dos partes de la relación buscan obtener el mayor beneficio pecuniario y le han otorgado un valor al contrato en cuestión. En tal sentido, ambas partes procuran obtener ventajas, a cambio de sufrir correlativamente sacrificios económicos.

De Tracto Sucesivo

Como regla general, las obligaciones producen sus efectos en forma inmediata, sin restricciones (Escobar Fornos, Iván. 2000). Pero se pueden dar los supuestos en que la obligación conlleve ciertas obligaciones de forma, tales como el plazo de cumplimiento, que podría ser sucesivo, por lo que se entiende que un contrato podría contener obligaciones a largo plazo y que por el simple cumplimiento no extingue seguir observando esa conducta.

Es de tracto sucesivo porque las obligaciones que se derivan de este contrato se irán ejecutando con el transcurso del tiempo, por lo que estas mismas- las obligaciones- tendrán carácter permanente durante la vigencia del contrato. Aunque es necesario aclarar que en este contrato existen diversas tipos de prestaciones, por lo que dependerá de que su cumplimiento sea de ejecución inmediata o prolongada.

Conmutativo

EL Código Civil de Nicaragua dispone, a través de su artículo dos mil cuatrocientos cuarenta y seis (2446 C.) lo siguiente: El Contrato es conmutativo, cuando cada una de las partes se obliga a dar o a hacer una cosa que se mira como equivalente a lo que la otra parte debe dar o hacer a su vez".

Es conmutativo porque los derechos y las obligaciones de las partes están definidas en el contrato, tratando de ser lo más delimitado posible, además de que el interés de las partes ha sido expresado y se tiene por igual el beneficio a recibir. El sacrificio que debe realizar cada una de las partes puede hacerse con cierta certeza del beneficio que eventualmente le reportaría en el momento de su celebración.

Esto no implica que no se posean rastros de aleatoriedad debido a los riesgos que todo negocio conlleva en las innumerables variables que influyen en la franquicia, por lo que cada parte deberá estar clara del contexto económico del entorno en donde se pretende ubicar el negocio. Pero la aleatoriedad debe ser vista en cuanto a la cantidad a devengar periódicamente por el Franquiciante porque la cantidad ligada al derecho de entrada se mantendrá inmodificable generalmente.

De Adhesión

Este es de adhesión considerando el hecho de que el Franquiciante posee un sistema estandarizado y no pretende alterarlo a favor de un determinado Franquiciado, quedara vedada cualquier especie de discusión sobre los términos y condiciones del otorgamiento de la Franquicia, a sabiendas de que ese sistema estandarizado ha sido la clave del éxito del dueño de la franquicia. Difícilmente este último logrará variar el contenido contractual modelo de una franquicia puesto que eso conllevaría a salirse de los estándares que han sido probados como exitosos. Más allá del consentimiento por parte del Franquiciado, solo podrán negociarse marcados aspectos como: la exclusividad en cuanto a la territorialidad, el plazo de duración de la Franquicia, la posibilidad de renovación, el derecho al ingreso, las regalías, inversiones a realizar, entre otras contraprestaciones que serán casos concretos.

Afirma Sonia Maldonado Calderón que (SF) esto repercutirá en que todos los miembros de la cadena, ineludiblemente, deberán observar un conjunto de normas y reglamentos comunes en la explotación:

> "De modo pues que, a manera de regla general, el Contrato de Franquicia no es en la práctica sino la ratificación de un molde que resulta reproducido en tantos ejemplares cuantos son los miembros que ingresan al sistema y que el franquiciador y la franquicia que lo ponen en práctica establecen en vista a coordinar las relaciones de todos los miembros de una manera uniforme o estándar" (Maldonado Calderón, Sonia P. 77).

Exclusivo

Este es exclusivo porque en el contrato se pacta la exclusividad de explotación frente a terceros, en el sentido de la territorialidad y temporalidad, es decir que en el contrato se debe dejar pactados estos elementos para cerciorarse de que el Franquiciante se vea beneficiado directamente de las ganancias de este contrato sin tener la competencia de otros Franquiciantes con la idéntica Franquicia en una misma zona geográfica.

Este apartado es un elemento básico en todo el cuerpo contractual de una Franquicia, porque en base al mismo se podrá calcular el margen de ganancias, atendiendo a factores como la urbe (o zona en específico) sobre la cual se establecería o la cantidad de tiempo por el cual operaría.

Hay que mencionar la existencia de la posibilidad de no pactar esta exclusividad, lo que consideraríamos un grave desacierto por parte del Franquiciado porque se estaría exponiendo a que el Franquiciante contrate con otro en la misma zona.

De Colaboración

Según el maestro Julio Fernández, un aspecto que lo distingue de otras figuras contractuales (como el contrato de distribución y el contrato de concesión) es la colaboración o cooperación del Franquiciante con el franquiciado. La colaboración consiste en una asistencia técnica, continua y permanente, que implicará la enseñanza y entrenamiento sobre el manejo del sistema de producción o de ventas, o lo que es conocido como Know-How, un sistema de conocimientos adquiridos por el Franquiciante que le ha permitido obtener una reputación de prestigio con el pasar de los años. (P. 802).

El entrenamiento que el Franquiciado recibirá para estandarizar el funcionamiento de la Franquicia otorgada estará regido por un manual de operaciones, el cual será creado y adoptado por el Franquiciante para que forme parte integra de la documentación contractual de la Franquicia.

Intuitu Personae

Este es un contrato de relaciones personales porque se toman en consideración los aspectos personales de la otra parte previo al nacimiento del contrato. Aspectos económicos, administrativos, técnicos, financieros y hasta personales son decisorios al momento de otorgar una franquicia, ya que el titular de una marca quiere evitar que sea desprestigiada por alguien que posea una reputación cuestionable. El factor humano o factor confianza es vital en los contratos de franquicia, ya sea previo o posterior a su firma.

Para determinar si el contrato que nos ocupa es Instuitu Personae, el profesor Julio Fernández aconseja en su obra Derecho de los Contratos que se atienda a dos puntos de vista:

Un punto de vista subjetivo, en donde la persona del franquiciado debe de poseer ciertas condiciones personales, que serán comunes para la celebración de cualquier contrato comercial, tales como conservan buen historial crediticio, buena reputación comercial, antecedentes penales, de reconocida honestidad, entre otros.

Otro factor será de carácter objetivo, en donde se atenderá a su capacidad de crédito, su situación financiera y económica así como su capacidad de inversión así como su historial respecto a estos factores. Los referidos elementos son vitales para que el Franquiciante determine las condiciones de idoneidad del candidato previo al otorgamiento de la franquicia. Usualmente, el Franquiciante fija de previo junto al pliego de bases y condiciones, una serie de condiciones financieras mínimas para determinar el estado del aspirante.

El factor humano es clave en todo Contrato de Franquicia porque el Franquiciante está exponiendo la reputación de su negocio a un desconocido, por lo que previo a otorgar la Franquicia se debe poseer la certeza y confianza subjetiva y objetiva de que se está tratando con un candidato idóneo.

Atípico

Según el Profesor Guzmán García (2011) el contrato atípico es pues, aquel que teniendo una denominación jurídica acuñada e identificada dentro de una comunidad, carece de una regulación por parte del ordenamiento jurídico de esa comunidad.

Siguiendo la idea propuesta por guzmán García, afirmamos que este es un contrato atípico porque en la mayoría de los ordenamientos jurídicos, incluyendo Nicaragua, no se encuentra reglamentado por el legislador en ningún cuerpo normativo, aunque se puede sostener que las Franquicias se ven dotadas de ciertos beneficios en consideración a la política de incentivos que cada Estado tenga sobre los establecimientos que ejerzan el turismo o promuevan la marca-país.

Sin embargo, tiene un contenido y obligaciones típicas conferidas por los usos y costumbres comerciales. Para tal efecto, el artículo tercero del código de comercio de Nicaragua prevé que las costumbres mercantiles suplen el silencio de la ley, cuando los hechos que las constituyen son uniformes, públicos, generalmente ejecutados en el Estado o en determinada localidad y reiterados por un largo espacio de tiempo, que se apreciará prudencialmente por los tribunales.

Es importante destacar que en el contrato de Franquicia se reúnen varias figuras contractuales como es el caso de los contratos de suministro, concesión, licencia (de uso de marcas, nombres comerciales y/o patentes) así como hay semejanzas con otras figuras tales como la agencia o comisión mercantil, el Joint Venture, el contrato de colaboración y hasta con el contrato de trabajo. Estas figuras se entrelazan para dar vida a una nueva figura jurídica, la cual, en su esencia, es diferente de cada una de ellas pero lleva elementos identificativos. De lo que no hay duda es de qué se está hablando de un contrato mercantil por su naturaleza lucrativa y la misma de los intervinientes, que se repuntan como comerciantes por las actividades desempeñadas.

CAPÍTULO II
EL CONTRATO DE FRANQUICIA

2.1 Definición

El Contrato de Franquicia ha sido, desde su surgimiento, una de las figuras contractuales más discutidas en cuanto a los alcances de su definición. Esta nomenclatura de definiciones se debe a la falta de aceptación general en cuanto a la naturaleza jurídica del contrato de franquicia, por considerar su similitud con otras figuras contractuales tales como la agencia, la concesión, la comisión, la licencia, entre otras, llegando hasta el punto de confundirlas o tratarlas como iguales.

A la vez, destacamos como ha ido evolucionando el propio concepto de Franquicia, con independencia del criterio del autor que lo exteriorice. Esto se ha debido a la transformación que ha ido adquiriendo la misma figura contractual, en base a como la demanda de productos y servicios ha aumentado, sin menoscabar el fenómeno de la globalización, que lleva emparejado el reconocimiento internacional de marcas.

Para apreciar lo referido en el párrafo anterior, destacamos el concepto que se tenía del Contrato de Franquicia, en voces de Pedro A. Pedreño (1973): "La Franquicia es un sistema comercial en que el Franquiciante vende una franquicia al Franquiciado, por medio de la cual éste podrá distribuir los productos o servicios objeto del Contrato de Franquicia". Esta es una noción clara, concisa y concreta (las famosas tres C) pero no sería la adecuada a día de hoy, por tanto no se enfoca en analizar los alcances así como las obligaciones de las partes intervinientes.

Siguiendo la lógica de lo planteado, otra definición de la figura en cuestión vendría ser el siguiente: Lupicino Rodríguez (1986): "El término Franquicia se utiliza para designar una amplia gama de acuerdos de índole comercial que se caracterizan porque un empresario (a quien llamaremos el concedente), poseedor de un producto o servicio o un proceso productivo e incluso una marca de productos o servicios, da a una tercera persona física o jurídica (a quien llamaremos el concesionario) el derecho a comercializar, el producto, o el servicio o la marca, o bien a realizar un idéntico proceso productivo bajo la misma fórmula o concepto empresarial, a cambio de un canon. Este canon puede consistir en una tarifa fija o en un porcentaje- generalmente decreciente- sobre las ventas u otras formas de regalías. Generalmente el concesionario viene obligado a adquirir asimismo suministros, materias primas, 'Know-How' (Cuya traducción equivaldría al Saber-Hacer) o productos a comercializar del propio concedente o de quien el concedente designe. Pero sobre todo, el concesionario se integra en una organización empresarial configurada bajo un patrón singular y unos estándares y distintivos rigurosamente uniformes y homogéneos, dotada generalmente de un extenso y valioso fondo de comercio".

Otra definición acertada es la que nos brinda Manuel Bermejo, que ve a la franquicia como un sistema de comercialización de productos, servicios y/o tecnologías basado en una colaboración estrecha y continua entre partes, en donde el Franquiciador otorga a sus Franquiciados el derecho, e impone la obligación de explotar una empresa de conformidad con el concepto del Franquiciador. El derecho otorgado autoriza y obliga al Franquiciado, a cambio de una contribución-directa o indirecta- a utilizar el distintivo, marca de productos y/o de servicios, el Know How, y demás derechos de propiedad intelectual, sostenido por la prestación continua de asistencia comercial y/o técnica, dentro del marco y por la duración del Contrato de Franquicia (escrito) establecido entre las partes.

En la definición que nos acaba de proporcionar el profesor Bermejo, se puede apreciar lo que vendría a ser una conceptualización bastante clara del Contrato de Franquicia, por cuanto se abarca el objeto del contrato, las obligaciones de los contratantes, la remuneración, de una manera general que permite al lector estar claro de lo que se está tratando.

Aparte de los diversos conceptos de reconocidos juristas, debemos traer a colación las definiciones que entidades con jurisdicción han emitido, dotando a este concepto de carácter vinculante y con efectos jurisprudenciales, al sentar un precedente para futuros casos de esta materia.

Siendo una de estas entidades el Tribunal de Justicia Europeo (TJE), se pronuncia al respecto del Contrato de Franquicia a través del caso "Pronuptia", sentencia del 28 de enero de 1986, pronunciando lo siguiente: "más que un modo de distribución se trata de una manera de explotar financieramente, sin comprometer capitales propios, un conjunto de conocimientos".

A la vez, el mismo Tribunal se pronunció el 4 de marzo de 1997 a través de sentencia 185711 que dice: "la característica fundamental de esta modalidad contractual estriba en que una de las partes, que es titular de determinada marca, rótulo, patente, emblema, formula, método o técnica de fabricación o actividad industrial o comercial, otorga a la otra, el derecho a utilizar, por un tiempo determinado y en una zona geográfica delimitada, bajo ciertas condiciones de control, aquello sobre lo que ostentaba la titularidad, contra la entrega de una prestación económica, que suele articularse normalmente mediante la fijación de un canon o porcentaje".

Por otra parte, el Código Deontológico de Franquicia, el cual fue planificado y redactado por especialistas de hasta ocho países en unión con la Comisión de las Comunidades Europeas, sostiene que: La Franquicia es un método de colaboración contractual entre dos partes que conservan su autonomía y poseen iguales derechos de una parte, una empresa franquiciadora, y, de otra la empresa franquiciada. En lo relacionado con la empresa franquiciadora, manifiesta que viene a implicar: 1° La propiedad de una razón social, de un nombre comercial, un emblema o símbolo, también, a veces, una marca de fábrica, de distribución o de servicio, así como una técnica, sistema o procedimiento, puesto a disposición del Franquiciado; 2° El control de una serie de productos o servicios, presentados de forma original y específica, y que deben ser, obligatoriamente, adaptados y utilizados por el Franquiciado, sistema dependiente de un sistema de técnicas comerciales específicas, que han sido experimentadas con antelación y que son continuamente desarrolladas y verificadas en lo que concierne a su valor y eficacia. Valga la pena destacar que este código sirve de referencia para dar fe de ciertas costumbres y prácticas comerciales, no siendo su objeto el de substituir a las leyes.

A la vez, distintas instituciones afines a este contrato se han pronuncia respecto a los alcances de la definición de Franquicia.

Una de las instituciones que se ha pronunciado respecto al Contrato de Franquicia ha sido la Confederación Española de Comercio (CEC), quien mediante su reglamento, en la versión número 4.087/88 catapulta que el Contrato de Franquicia es un conjunto de derechos de propiedad industrial o intelectual concerniente a signos distintivos tales como: marcas, nombres comerciales, rótulos de establecimiento, derechos de autor, Know-How o patentes, que tendrán el deber de ser explotados para la reventa de los productos o la prestación de los servicios a los destinatarios finales.

Después de tomar como referencia los diversos conceptos, aportados por juristas e instituciones reconocidas, podemos afirmar, sin temor a equivocarnos, que el Contrato de Franquicia es un método mediante el cual un sujeto, denominado Franquiciante, que posee un destacado producto o servicio, así como el Know-How (o mecanismo de funcionamiento que ha sido clave en el éxito del producto o servicio) del mismo, le otorga un derecho de carácter temporal-que pudiera ser exclusivo en materia territorial- a otro sujeto, el Franquiciado, para que explote el mismo a cambio de una remuneración económica, que permite obtener un beneficio a ambas partes.

2.2 Partes

En el Contrato de Franquicia intervienen dos partes a saber: el Franquiciante y el Franquiciado, siendo el primero quien otorga la Franquicia al segundo. Ambas partes se verán dotadas de una serie de derechos y obligaciones que son generales, con independencia del tipo de Franquicia que se trate.

Las partes contratantes son independientes entre sí y gozan de plena autonomía previo, durante y posterior al contrato. La independencia es de carácter patrimonial, financiero, económico, jurídico y administrativo. Lo que subsiste entre las partes es un vínculo de colaboración o coordinación, por tanto comparten intereses.

Franquiciante

Este sujeto es la parte que es titular de un negocio reconocido así como de marcas (y cualquier otro signo distintivo) o patentes afines al mismo. Este sujeto es quien otorga a la otra parte el derecho a usar el nombre comercial y la marca (y cualquier otro derecho de propiedad intelectual) de su negocio a cambio de una contraprestación, debiendo seguir el concedido una serie de requisitos para obtener la estandarización en cuanto a la calidad de los productos ofrecidos y los servicios prestados. El Franquiciante gozará de los siguientes derechos y deberá seguir las siguientes obligaciones:

Derechos del Franquiciante:

1. Recibir una contraprestación en concepto del derecho de entrada a la Franquicia.

2. Percibir regalías en concepto de ingresos sobre la venta bruta. Generalmente es una cantidad de un decimal.

3. Supervisar el cumplimiento de calidad.

4. Verificar los registros contables del Franquiciado.

5. Rescindir el contrato cuando haya alguna causa que lo amerite.

Obligaciones del Franquiciante:

1. Conceder la licencia o uso de su marca debidamente registrada.

2. Debe transmitir al Franquiciado los conocimientos técnicos para la explotación del negocio.

3. Proporcionar información técnica sobre el lugar, diseño, decoración, equipo, mobiliario, entre otros elementos que deberán ir incorporados en el negocio, en aras de estandarizar el funcionamiento del mismo.

4. Otorgarle al Franquiciado exclusividad territorial o zonal.

5. Entregar manuales que contengan los procedimientos detallados de los sistemas y las operaciones del negocio.

6. Brindar capacitación al personal del Franquiciado para que estos puedan brindar una atención al público óptima, seguir pautas contables y cuido de los bienes, entre otros.

7. Suministrar productos o servicios, de ser el caso.

8. Aprobar o vetar la propuesta de ubicación del local.

9. Fiscalizar el cumplimiento de las condiciones pactadas en el contrato.

Franquiciado

Es la parte interesada en entablar una relación contractual con el Franquiciante y es quien aspira a dirigir un negocio bajo la modalidad de Franquicia. Esta parte deberá pagar una contraprestación en concepto por el otorgamiento del derecho de uso de la Franquicia así como seguir a cabalidad las indicaciones y manuales brindados por el Franquiciante, en aras de no dañar la imagen del negocio y la marca del titular de la misma. El Franquiciado gozará de los siguientes derechos y deberá seguir las siguientes obligaciones:

Derechos del Franquiciado:

1. A que se le sea suministrado el conjunto de conocimientos técnicos (conocidos como Know-How) ensamblados para la efectiva operación del negocio como si fuera propio.

2. Gozar de exclusividad territorial o zonal para la explotación del negocio.

3. A que se le sea otorgada una licencia de uso temporal de cualquier marca, nombre comercial, señal de publicidad o cualquier otro signo distintivo o patente que sea afín al negocio y se requiera con propósitos publicitarios y demás.

4. A exigir que se le sea suministrado productos o servicios, de ser el caso.

5. A exigirle al Franquiciado el otorgamiento del manual de operaciones así como de capacitación periódica a su personal.

6. Rescindir el contrato cuando haya alguna causa que lo amerite y haya sido contemplada en el contrato.

Obligaciones del Franquiciado:

1. Pagar la tasa por derecho de entrada a la Franquicia correspondiente.

2. Seleccionar el lugar de ubicación del establecimiento.

3. Atender las especificaciones del Franquiciante en relación con las características de la construcción, decoración, publicidad, equipo y uso de las marcas y nombres comerciales en la forma indicada por el Franquiciante.

4. Dar cumplimiento al programa de entrenamiento dictado por el Franquiciante.

5. Guardar absoluta reserva sobre los conocimientos técnicos que en relación con los productos protegidos le hayan sido proporcionados por el Franquiciante, ya sea durante o posterior a la relación contractual.

6. Pagar las regalías periódicas correspondientes, en base al porcentaje acordado sobre los ingresos.

7. Ajustar el sistema informático y contable según los requerimientos del Franquiciante.

8. Seguir los lineamientos y disposiciones de las normativas vigentes que garanticen la operatividad y legalidad del negocio objeto de Franquicia.

9. Mantener el esquema de atención al cliente.

10. No ceder ni otorgar subfranquicias, que no es lo mismo que abrir sucursales.

11. Dejar de usar las marcas, los nombres y avisos comerciales y la explotación de patentes que fueran materia del contrato una vez concluida la relación comercial.

Cláusulas del Contrato

En el Contrato de Franquicia existe una serie de cláusulas que son de carácter general por considerar que con independencia del negocio que se vaya a otorgar bajo esta modalidad, se requiere de cierta reglamentación para que verdaderamente se esté hablando de un Contrato de Franquicia. Entre esta serie de cláusulas se encuentran:

Exclusividad del Territorio

En esta cláusula se busca delimitar los límites del territorio en donde operara la Franquicia, y esa misma delimitación se puede referir a un país, región, ciudad, zona, barrio o hasta un centro comercial.

Lo que se obtiene con la delimitación es garantizarle al Franquiciado que solo él podrá operar, bajo el régimen de Franquicia, dentro de esa zona territorial, dándole el beneficio de poder explotar ese mercado delimitado.

Pago del derecho de entrada

El Franquiciante debe definir una tarifa uniforme y realista para aquellos empresarios que estén interesados en operar bajo la modalidad de Franquicia. Esta tarifa suele representar un elevado valor económico, por cuanto se supone que el Franquiciante busca recuperar las inversiones que tendrá que hacer en materia de soporte y capacitación al Franquiciado, así como en representación del riesgo a que se está exponiendo el Franquiciante, al exponer la reputación de su negocio a manos de terceros que podrían dañarla, en caso de haber malas prácticas. Entre mayor sea el reconocimiento que se le tenga al negocio y a la marca mayor será la tarifa por el derecho de entrada.

Regalías

Es el porcentaje sobre las ganancias brutas que el Franquiciado tendrá que reconocerle al Franquiciante en concepto de los gastos de soporte y capacitación. A la vez, es un reconocimiento que el primero le hace al segundo por el otorgamiento de la Franquicia. No hay ningún esquema definido que permita fijar el porcentaje que se le reconocerá al Franquiciante, mas la práctica comercial ha definido este porcentaje en cifras de un digito, en dependencia del tipo de negocio que se trate y lo reconocido que sea.

En esta cláusula se debe definir la periodicidad con la que se entregaran estas regalías, considerando que podrán ser semestrales, cuatrimestrales, mensuales, quincenales o hasta semanales. Todo esto según mejor les convenga a los intereses de las partes.

Plazo de Duración

En este apartado se debe definir el período por el cual se otorgara el derecho a explotar la Franquicia. Asimismo, las partes podrán establecer una renovación automática del contrato por períodos equivalentes o establecer que no habrá renovación salvo la firma de un nuevo contrato.

Deberán las partes velar por sus intereses en cuanto a la determinación del plazo de la Franquicia, ya sea para recuperar las inversiones incurridas o para asentarse en un mercado.

Según Fernando Viteri (P. 23) las prácticas comerciales aconsejan que el período por el cual se otorga la exclusividad en una Franquicia sea entre tres a diez años.

Capacitación y Asistencia

Es importante destacar en este apartado que, el Franquiciante se comprometerá a brindar una capacitación inicial al personal del Franquiciado, para que estos últimos puedan empezar a operar el negocio, a como lo haría el personal del Franquiciante, siguiendo las disposiciones de cualquier manual que se disponga.

El objeto de la capacitación es procurar la uniformidad de la prestación de los servicios o la calidad de los productos, así como entrenar al personal del Franquiciado en materia de atención al público, relación con clientes y, de igual manera, cualquier sistema de contabilidad y administración que se disponga. La asistencia debe de ser continua y estar siempre disponible a favor del Franquiciado para apoyarlo con cualquier incertidumbre o inconveniente que pueda inesperadamente surgir.

Todo lo anterior lo hace el Franquiciante con el fin de proteger la reputación de su marca, puesto que requiere que quien esté brindando los servicios u ofreciendo los productos en su nombre lo haga de la misma forma en que lo haría el Franquiciante, para poder preservar la calidad del negocio. Para tal fin deberá el Franquiciante entregar un manual de operación, en donde se indique como debe "operar" la Franquicia, pretendiendo abarcar cada aspecto de las funciones del día a día para que puedan ser acatadas por el personal del Franquiciado.

La capacitación no solo será en la fase previa al inicio de las operaciones de la Franquicia sino que deberá ser constante, para lo cual el contrato deberá detallar los intervalos de tiempo para realizar las mismas, ya sea trimestral, semestral o anual o como mejor estipule el Franquiciante, adaptándose a los requerimientos que le surjan al Franquiciado.

Contabilidad y Registros

El Franquiciante establecerá las pautas necesarias para que el Franquiciado adecue su sistema de contabilidad, mantenimiento de registros y su teneduría de libros al requerido por el Franquiciante.

Los objetos de esta cláusula son dos:

1. Poder supervisar los ingresos y egresos del Franquiciado para garantizar que se esté otorgando la cantidad verdadera pactada en concepto de regalías.

2. Poder ayudar al Franquiciante mediante el asesoramiento, tomando como punto de partida los datos que reflejen los informes financieros. En base a estos informes podrá evaluar (el Franquiciante) la situación actual del Franquiciado para poder determinar pautas de acción para mejorar el rendimiento.

Estándares de Calidad y Funcionamiento

Se referirá a un conjunto de normas o procedimientos que el Franquiciante de previo establecerá para que el Franquiciado lo adapte como parte integral de su procedimiento operativo. El

Franquiciante tendrá que garantizar en esta cláusula la obligatoriedad del cumplimiento de cualquier norma, disposición o procedimiento que se haya elaborado para el manejo del negocio porque es mediante estas reglas que el Franquiciante aspira a lograr la uniformidad en los servicios y productos, protegiendo de esa manera la reputación de su marca.

Seguros

Según Fernando Viteri, en el contrato de Franquicia se debe de pactar que el Franquiciado va a contratar todas las pólizas de seguros que el Franquiciante le exija, acatando las modalidades y características requeridas por este último. Todo esto en aras de desarrollar diligentemente la operación del negocio sin exponerlo a cualquier contratiempo, producto de accidentes o casos fortuitos.

Confidencialidad

Considerando el intraducible valor que representa la información que el Franquiciante le estará confiando y compartiendo al Franquiciado, es preciso proteger esa confianza mediante esta cláusula, en donde se obligue a este último y su personal de apoyo y demás colaboradores a no revelar ninguno de esos datos ni secretos comerciales, salvo con la expresa autorización del primero. A la vez, se pacta que el Franquiciado deberá devolver al Franquiciante, una vez terminado el vínculo contractual, el manual de operaciones original y sus copias así como cualquier otro documento afín al negocio.

Derechos y deberes de las partes luego del vencimiento o extinción del contrato

Una vez concluida la relación contractual, sea por la razón que fuere (vencimiento de plazo, rescisión, revocación, entre otras), habrá que disponer una serie de obligaciones que las partes se comprometerán a acatar, por un determinado tiempo algunas.

Entre los aspectos que se deben destacar están:

- **Uso de los derechos de propiedad intelectual:** Una vez disuelta la relación contractual entre las partes, el Franquiciado deberá abstenerse de seguir utilizando los derechos de uso que se le han sido otorgados por el Franquiciante mediante una licencia. En caso contrario, el Franquiciante podrá ejercer acciones judiciales contra el Franquiciado por el uso indebido de esos derechos, ya sea por vía civil o penal.

- **Pago de cualquier suma de dinero adeudada:** Será responsabilidad del Franquiciado saciar cualquier deber pecuniario que mantenga pendiente con el Franquiciante a la hora de concluir la relación contractual. En caso contrario, estará habilitando al Franquiciante para que ejerza la acción legal que estime conveniente, como una demanda.

- **Devolver el manual de operación:** Será deber del Franquiciado devolverle al Franquiciante toda información concerniente al manejo del negocio que se le dio en modalidad de Franquicia, concretamente el manual de operaciones (y toda copia que se posea), que consiste en un conjunto de reglas y normas para operar el negocio.

- **Guardar sigilo:** Estará dentro de las obligaciones, post-contrato del Franquiciado (y de su personal y colaboradores, así como terceros afines), reservarse la información confidencial acerca del mecanismo de operación que ha desarrollado el Franquiciante así como de cualquier otro secreto comercial, tal como formula.

- **Abstenerse de incurrir en un rubro similar:** La práctica comercial recomienda incluir esta obligación para proteger al Franquiciante de un nuevo competidor que ha sido adiestrado por el mismo y posee sus mismos conocimientos. Para esos efectos, se recomienda disponer que por un período de tiempo determinado, el Franquiciado no podrá incurrir en una determinada área de la vida comercial que sea de la misma naturaleza que la del Franquiciante. Por ejemplo: si el Franquiciante se dedica a la venta de comida rápida, concretamente el pollo; el Franquiciado no podrá incurrir en esta precisa área por un lapso determinado. A la vez, extender esta abstención al personal y los colaboradores así como terceros afines (tales como abogados, asesores, mercadologos, entre otros) para que ellos tampoco incurran en una actividad económica similar a la del Franquiciante durante un período de tiempo prudencial.

Cláusula de Arbitraje

Esta cláusula opera con el objeto de obligar a las partes a suscribirse a un método alterno de resolución de conflictos, en donde el laudo será dictado por un tribunal de árbitros independientes y objetivos y su contenido será de obligatorio cumplimiento así como ejecutable. Los árbitros podrán ser: 1) de derecho, que es cuando el conflicto radica en a quien le asiste la ley y 2) de equidad, cuando se requieren los conocimientos técnicos y pericias de especialistas para determinar la responsabilidad de un determinado infortunio.

El objeto de esta cláusula es someterse a un centro de resolución de conflictos reconocido y aceptado, cuyos dictámenes o laudos puedan ser vinculantes, para guiarse por el reglamento de resolución que este mismo disponga, en aras de hacerle frente a un conflicto. Este método alterno le garantiza a los contratantes confidencialidad, imparcialidad y celeridad a la hora de resolver los conflictos que se pueden llegar a suscitar.

El laudo dictado por el tribunal arbitral será competente en Nicaragua, debido a que el Estado se adhirió a la convención Sobre el Reconocimiento y Ejecución de las Sentencias Arbitrales Extranjeras de Nueva York (1948) mediante decreto número 26-2002 del 7 de marzo del mismo año (2002).

Régimen Jurídico Aplicable

Debido a que estamos tratando con un contrato internacional, es en este punto donde las partes deberán decidir a qué sistema jurídico, y las normas que conlleven, se someterán.

Comunicación

Es importante que las partes destaquen sus domicilios para el siguiente contrato así como datos de contacto: número telefónico, correo electrónico, dirección física, apartado postal, entre otros.

De igual manera, considera Fernando Viteri que es relevante destacar como se cursarán las notificaciones a efectuarse entre las partes.

Uso de la Marca

En este aparte le corresponderá a las partes acordar las modalidades y limitaciones relacionadas al uso de la marca, de la cual el Franquiciante es licenciatario exclusivo y ha otorgado un derecho de uso al Franquiciado.

Al ser un activo tan delicado y valioso, se deberá reglar el uso que se le dará a la marca y estipular que el Franquiciado solo tiene permiso para usarla y en ningún momento se le podrá considerar dueño de la misma, facultad que le es propia y exclusiva al Franquiciante.

Exclusividad Personal

Las partes deben estar bastante claro de que este contrato nace por la confianza y el tacto que hay entre las partes, por lo que se sostiene que el vínculo es personal y es en base a ese carácter que se debe contemplar una cláusula que impida al Franquiciado transferirle a un tercero los derechos que el Franquiciante le ha otorgado.

Relación Laboral

Reiteramos que en una alianza comercial bajo la modalidad de Franquicia subsiste una autonomía e independencia entre las partes, lo que significa que el Franquiciante en ningún momento deberá responderle a los colaboradores del Franquiciado, debiendo asumir éste último todas las cargas sociales que correspondan así como responder por cualquier incumplimiento en sus contratos de trabajo o despido por causales prohibidas.

Así mismo, el Franquiciado debe respetar el sigilo mientras dure la relación contractual así como posterior a la misma y para garantizar el adecuado cumplimiento, deberá velar para que sus colaboradores no incumplan con estas cláusulas, contemplando las mismas en sus contratos laborales, que se extiendan hasta por un determinado tiempo posterior a la relación laboral.

Causales de Extinción del Contrato

Será necesario indicar de manera taxativa cuales serán las causas que podrán permitirle a cualquiera de las partes dar por concluida la relación laboral. En dependencia de la naturaleza del contrato se adaptarán al mismo las causales. En tanto que hay una serie de causales que son de carácter general, tales como:

- Vencimiento del plazo.
- Incumplimiento de las obligaciones por parte de alguna de las partes.
- Denuncia de alguna de las partes.
- Quiebra de alguna de las partes.
- Muerte del Franquiciado, de ser persona física.

2.4 Contratos Afines

Por la naturaleza de la Franquicia, se requerirá que las partes firmen contratos accesorios que se consideraran partes íntegros del contrato principal. Es tanta la relevancia de estos contratos accesorios que la Franquicia no podría subsistir sin la existencia de estos. Entre los más destacados se encuentran:

Know-How

Esta elocución inglesa hace alusión a un conjunto de presaberes o pericias desarrolladas por el Franquiciante y que han resultado exitosos en la conducción de su negocio. Estos conocimientos y su transmisión es lo que distinguen al Contrato de Franquicia de cualquier otra figura similar (como el contrato de distribución o concesión) y son el elemento esencia del mismo.

Según Julio Fernández (P. 830), este conjunto de conocimientos consiste en un sistema ideado por el Franquiciante para la producción o venta de bienes o servicios.

Este Know-How se transmite en la forma de un manual de operaciones, que es de carácter estrictamente confidencial, y en él se contienen las indicaciones elementales para el manejo del negocio y cuyo cumplimiento es obligatorio.

Licencia de uso de marca/ nombre comercial

Al otorgarle el derecho a utilizar su negocio, el Franquiciado va a requerir que el Franquiciante le otorgue un permiso escrito, en donde se le autorice el uso y explotación temporal de cualquier signo distintivo o derecho de propiedad intelectual ligado al negocio. Esto anterior se da mediante la figura de la licencia, que es una autorización de uso en materia de propiedad intelectual.

2.5 Clases de Franquicias

Es posible establecer una clasificación en base a determinados criterios de cada Franquicia y los objetos que se persigan en cada una de ellas. Según el maestro Julio Fernández (P. 833): "Las diferentes modalidades de franquicia son y serán consecuencia, como su génesis, de las variadas formas de generar alianzas comerciales con el fin de obtener una optimización en los resultados de la producción y/o venta de bienes y servicios y con ello la expansión comercial al menor costo de inversión".

Entre los distintos criterios para clasificar las Franquicias se aprecian:

Franquicias según el Territorio

Se hace alusión al espacio asignado por el Franquiciante o negociado por el Franquiciado para ejercer su derecho exclusivo de explotación del negocio. Esta clasificación fue planteada por Julio Fernández (P. 833) y manifiesta que en esta categoría se pueden tener las siguientes divisiones:

- **Franquicia de Esquina ("Corner Franchise"):** según Julio Fernández (P. 834), este tipo de Franquicias se refieren al otorgamiento de la exclusividad en estratos de espacio bastante reducidos y dirigidos a centros comerciales o lugares concretos, en donde al Franquiciado le corresponderá una parcela de espacio, tal como un stand, o en un pasillo.

- **Franquicia Individual:** Por esta Franquicia se entiende aquella en donde se ha negociado que el negocio solo podrá poseer una sucursal en un determinado lugar que también ha sido negociado por las partes. Fernández considera que este tipo de Franquicias son idóneas para iniciar una relación o alianza comercial entre las partes porqué a medida que se va desarrollando el negocio se podrá apreciar el grado de simpatía y confianza que haya entre ambas partes, pudiendo conllevar a un nuevo contrato.

- **Multifranquicia:** En esta modalidad se le es conferida al Franquiciado el derecho a establecer múltiples establecimientos, dentro de una zona o demarcación pactadas en el contrato (ya sea una departamento, pueblo, ciudad o región).

- **Maestra o Principal ("Master Franchising"):** Esta es una especie de Franquicia más delicada, puesto que el Franquiciante negocia con una importante empresa con presencial nacional o regional y que conozca el mercado del rubro del Franquiciante. En este tipo de Franquicias se da una excepción a la regla puesto que se le permite al Franquiciado otorgar subfranquicias a empresarios locales que conozcan la zona.

Franquicias según la Finalidad

En este tipo de Franquicias se debe atender a la actividad económica que las partes desempeñen. Julio Fernández platea lo siguiente: "Así puede ser que sea la producción y venta de un servicio o producto mediante un sistema creado por el Franquiciante, o recurriendo a la Franquicia solamente como un método de distribución o venta de éste" (P. 835).

Entonces, atendiendo a la finalidad se pueden obtener las siguientes Franquicias:

- **Franquicia de Distribución:** Para comprender este tipo de Franquicias habrá que remontarse a los orígenes de esta figura jurídica, en donde los empresarios no disponían de los recursos necesarios para distribuir el producto de su ingenio, por lo que se veían en la necesidad de acudir a otros empresarios para que estos se encargaran de la labor de revender los mismos. El empresario que dispone de los recursos vendría a apoyar al creador de un producto en la labor de expansión comercial.

  Esta figura se asemeja con el Contrato de Distribución por su naturaleza pero considera Julio Fernández que la diferencia radica en que el Franquiciado impone un sistema y una marca bajo la cual vender el producto, limitando su actividad (la del Franquiciado) a la labor de revender el mismo.

- **Franquicia de Empresa ("Format Franchising"):** Se considera a este tipo de Franquicias como la más completa, puesto que el Franquiciado se ve involucrado no solo en la labor de explotar un negocio mediante la prestación de un servicio o venta de algún producto, sino que deberá ir de la mano junto al Franquiciante, en cuanto al sistema de manejo del negocio, para lo que deberá acatar el manual de operaciones que le facilitara el Franquiciante. Además, el Franquiciado debe explotar la licencia de uso de las marcas propiedad del Franquiciante, su sistema de atención al cliente, diseño del local y puesta en marcha del negocio, debiendo recibir constantemente la capacitación del Franquiciante. En este contrato implicara para las partes una relación permanente de coordinación y cooperación durante la vigencia del contrato, en aras de lograr los resultados esperados del mismo.

- **Franquicia Industrial:** En este tipo de Franquicias se establece una relación contractual entre dos partes cuya actividad económica va vinculada a la producción de bienes, mediante el empleo de la tecnología y cualquier licencia de marca, patente, propiedad o diseño industrial que pueda ostentar el Franquiciante, para la posterior reventa de los mismos bienes.

  Esta especie de Franquicias requiere de un capital elevado de inversión de ambas partes, debido al requerimiento de materia prima y transferencia de tecnología, con el fin de poder desempeñarse de una manera uniforme.

• **Franquicia Mixta:** Afirma Julio Fernández lo siguiente: "El objeto del Franquiciante es obtener del Franquiciado, tanto la producción como la venta y comercialización del producto" (P. 836). Esta es una Franquicia en donde se involucran las fases de producción y distribución. La remuneración podrá de igual manera ser mixta, tanto en un pago porcentual sobre los ingresos a como con especie (los bienes producidos).

Franquicias según el objeto

Asegura Julio Fernández (P. 836) que en esta especie de Franquicias se deberá atender al objeto a que se vaya a dedicar la misma para poder establecer una clasificación. De esa manera, encontramos tres tipos de Franquicias de acuerdo a su objeto, que son las siguientes:

• **Franquicia de Productos:** Son aquellas que consisten en la producción y/o venta de bienes por parte del Franquiciado, adecuándose a las indicaciones que le transmita el Franquiciante acerca de los requerimientos y la materia prima a emplearse, así como de la calidad esperada.

• **Franquicia de Servicios:** A diferencia de la Franquicia anterior, en esta el objeto es la prestación de un servicio determinado. La característica principal de la prestación del servicio es que el Franquiciante ha diseñado un esquema o sistema de saberes, el cual le será compartido al Franquiciado, debiendo el primero instruirlo para que la operatividad sea óptima.

• **Franquicia Mixta:** En esta modalidad se persiguen los objetos de las dos anteriores Franquicias, es decir primero la producción y posteriormente la prestación del servicio. El modo de producción y comercialización son impuestos por el Franquiciante.

Franquicias según el Franquiciado

En esta clasificación- planteada nuevamente por el maestro Julio

41

Fernández- se deberán atender a factores personalísimos para poder establecer la siguiente clasificación:

- **Franquicia Activa o Personal:** Este tipo de Franquicia será bastante particular, con independencia del objeto, la finalidad o el territorio sobre el que operara el negocio, lo relevante es la relación que haya entre el Franquiciante y la persona del Franquiciado por la vasta gama de conocimientos técnicos que posea sobre un tema así como por la relación de confianza que han desarrollado entre las partes.

- **Franquicia por Conversión:** Esta modalidad opera cuando un negocio andante, del mismo rubro que el del Franquiciante, opta por entrar a un régimen de Franquicia al adoptar el nombre comercial y la marca cedida por el Franquiciante así como la incorporación de las demás características de la Franquicia, previamente expuestas.

Franquicias según la generación

Esta clasificación obedece al origen y al desarrollo de las Franquicias y fue planteada por Fernando Viteri (P. 15). La clasificación es la siguiente:

- **Franquicia de Primera Generación:** Se hace alusión a las primeras Franquicias que operaron, destacando a la marca y al producto como los elementos básicos del contrato. El objeto de esta modalidad es garantizar la distribución de un producto.

- **Franquicia de Segunda Generación:** Estas son más evolucionadas. Esta nueva modalidad viene a incorporar un elemento fundamental a día de hoy: los presaberes o Know-How. Además, la relación entre las partes se profundiza notablemente más que en las de Primera Generación.

- **Franquicia de Tercera Generación:** Considera Viteri (2006) que esta generación se refiere a los distintos niveles dentro de un canal de distribución (fabricante, mayorista, minorista) que se relaciona con una Franquicia, desarrollando subclasificaciones:

o **Franquicia Vertical:** Es la dada entre integrantes de distintos niveles de comunicación.

o **Franquicia Integrada:** Es la que comprende la totalidad del canal de distribución.

o **Franquicia Semiintegrada:** Es la que abarca parcialmente los canales de distribución.

o **Franquicia Horizontal:** En esta se relacionan empresarios dentro del mismo nivel del canal de distribución.

o **Franquicia de Detallista:** En esta ambas partes son empresarios con ventas al por menor o minoristas.

o **Franquicia de Fabricantes:** Ambas partes elaboran productos.

Después de haber analizado el Contrato de Franquicia y su contenido, pudimos satisfacer el segundo objetivo especifico de esta monografía, por lo que consideramos haber desarrollado, satisfactoriamente, lo siguiente:

• El contenido mínimo del contrato.
• Las partes contratantes, sus derechos y obligaciones.
• Las clases de Franquicias que existen.
• Los contratos afines al mismo.

En base a lo abarcado en este capítulo segundo, estaremos en disposición de poder sugerir los aspectos a regular a través de una Ley y atender los aspectos necesarios que cada tipo de Franquicia requiere.

CAPÍTULO III
PROPUESTA DE MARCO REGULATORIO EN NICARAGUA

En base a lo desarrollado en los capítulos anteriores, y estando claro de la naturaleza y los elementos que hacen nacer al Contrato de Franquicia, se intentará establecer los cimientos necesarios para fomentar un marco regulatorio del mismo en Nicaragua.

En este capítulo pretendemos desarrollar lo que vendría a ser el contenido de un marco regulatorio íntegro y adecuado para el Contrato de Franquicia, atendiendo a las tendencias modernas de esta figura, abarcando los aspectos indispensables de la figura contractual y crear organismos institucionales (así como promover cámaras gremiales) que influyan en el surgimiento de nuevas Franquicias en Nicaragua así como en el cambio de cultura, para que las condiciones estén dadas para que pasemos de ser un país receptor a uno exportador de tales, pudiendo revolucionar la matriz económica y la imagen-país, no sin antes efectuar un análisis de las condiciones históricas que han imperado en la nación así como en el contexto actual y el marco de fomento a la inversión que se ha venido desarrollando.

3.1 Situación actual de las Franquicias en Nicaragua

Nicaragua es un Estado que se ha visto envuelto en múltiples conflictos políticos y bélicos a lo largo de sus casi dos siglos de vida como una nación independiente, lo que ha conllevado a altibajos económicos así como inseguridad, tanto jurídica como ciudadana, perjudicando principalmente la imagen-país y las inversiones que se quisieran desarrollar en el mismo. Todo esto ha contribuido al poco auge que las Franquicias han tenido en nuestro país, dándonos la fama de ser poco atractivo para esta modalidad de negocios, llegando a ser denominados por el profesor Francisco Somarriba como un país "Mata-Franquicias".

Sin embargo, lo planteado en el párrafo anterior pareciera estar quedando en el pasado, puesto que diversos indicadores, tanto nacionales como internacionales, reflejan un claro cambio de horizonte. La principal guía de avance de país en Nicaragua se llama "Guía del Inversionista 2013-2014", que refleja la situación actual del Estado, enfocándose en los avances en materia económica, jurídica y publicitaria. Esta guía a la que hacemos referencia nos indica en su perfil país (P. 8) del año 2012 que los Ingresos por inversión Extranjera Directa aumentaron en un 33% en contraste con el año 2011; De igual manera, muestra factores alentadores como el mantenimiento en un digito de la inflación así como el constante crecimiento del Producto Interno Bruto (PIB) del país y la casi nula tasa de alfabetismo que hay en nuestro país, sumándole que la fuerza laboral menor de 40 años representa al 77% de la capacidad laboral que dispone Nicaragua más las diversas obras que se han y se están desarrollando sobre la infraestructura vial (carreteras y aeropuertos) y marítima de la nación, sin dejar de mencionar los costos competitivos de los servicios básicos tales comó: agua, electricidad e internet. Todo lo anterior apoyado en la estratégica posición geográfica más el acceso preferencial a mercados internacionales tales como Estados Unidos, Europa, Taiwán o Chile, entre otros, producto de diversos acuerdos comerciales de asociación.

Esos indicadores planteados previamente son resumidos por la Guía del Inversionista, que considera lo siguiente (P. 14): "Nicaragua ha experimentado un crecimiento económico sostenido como resultado del manejo disciplinado de sus políticas fiscales, financieras, monetarias y cambiarias. La legislación y procedimientos administrativos relacionados a negocios han contribuido a un fuerte ingreso de inversión extranjera en los últimos años".

El órgano encargado de velar por la actividad económica y empresarial de la nación, en base a la Constitución, es el Ministerio de Fomento, Industria y Comercio (MIFIC), el cual, preocupado por este deber, creó en el año 2012 a la Dirección de Clima de Negocios, cuyos principales logros hasta la fecha, según "Guía del Inversionista 2013-2014" han sido:

- Actualización y modernización del Código de Comercio, del cual se tiene previsto presentarse una iniciativa de Ley con un nuevo cuerpo mercantil que permita incorporar las prácticas modernas a nuestra legislación, en conjunto con los gremios empresariales que representan al país.

- Facilitación de trámites para la formalización empresarial mercantil en el departamento de Managua.

- Fortalecimiento del Sistema de mejoramiento de la Calidad.

- Fortalecimiento al Registro de la Propiedad Intelectual e Industrial (RPI) para reducir los tiempos de entrega de marcas y patentes.

- Agilización y modernización del Ministerio de Salud (MINSA), para reducir los tiempos de entrega en licencia, registro y vigilancia sanitaria.

- Implementación del nuevo modelo de Ventanilla Única de Inversiones (VUI), tanto en Managua como en 6 cabeceras departamentales, con el fin de reducir tiempo, trámites y costos para formalización de empresas.

- Fortalecimiento técnico y tecnológico en diversas Alcaldías para reducir los tiempos de entrega de "Matrícula de Negocios" y "Permisos de Construcción".

- Fortalecimiento al Ministerio del Trabajo (MITRAB) en materia de higiene y seguridad laboral para brindar un mejor servicio al sector empresarial.

El marco legal que hace atractivo a nuestra nación está compuesto, entre otras, por las siguientes normas facilitadoras:

- **Ley de Promoción de Inversiones Extranjeras (Ley N°344)**, que fue promulgada con el fin de promover la inversión y contribuir a la creación de empleos y al desarrollo económico y social del país. Esta ley persigue la creación del marco legal apropiado, con reglas claras y precisas para la atracción de nuevas inversiones, teniendo como características: Tratamiento equitativo para inversionistas locales y extranjeros; Libertad para hacer inversiones; Transferencia de fondos al extranjero; Acceso al financiamiento local y protección a la propiedad y seguridad. Esta norma es un gran atractivo para los inversionistas, debido a las grandes concesiones y exoneraciones que se les hace, permitiéndole las facilidades necesarias para empezar operaciones en el país sin ninguna traba.

- **Ley de incentivos a la Industria a la Industria Turística (Ley N°306)**, que ofrece diversos incentivos fiscales para la inversión en ese rubro y es considerada la más generosa y competitiva en la región centroamericana. Estos beneficios van dirigido a los servicios de alojamiento, alimentos y bebidas, tour operadoras, transporte de turistas, líneas aéreas, entre otros.

- **Régimen de Propiedad Intelectual**, el cual viene a brindar la oportunidad de aprovechar el sistema de Propiedad Intelectual, el cual es una herramienta que garantiza a las empresas ser más competitivas así como contar con mejores condiciones de comercio. Este régimen contiene normas para el cuido de las marcas u otros signos distintivos (Ley N° 380 de Marcas y otros signos distintivos), para la protección de las patentes, diseños industriales (Ley n° 354 De Patentes De Invención, Modelo De Utilidad Y Diseños Industriales), obtenciones vegetales (Ley N° 318 Para La Protección De Las Obtenciones Vegetales), entre otros.

3.2 La Franquicia en el Derecho Comparado

Para desarrollar el marco regulatorio, consideramos necesario tomar el ejemplo de las tendencias que están imperando actualmente en otras naciones en esta materia, para poder analizar cuáles son los elementos que se deberían de incorporar en una hipotética Ley de Contrato de Franquicias así como órganos rectores y veladores del cumplimientos de la misma, que se encarguen de fomentar esta actividad empresarial.

En este caso, hemos decididos apoyarnos en las legislaciones de México, España y Estados Unidos así como de la propuesta que hay en la Argentina, la cual próximamente el Congreso Nacional de aquella nación estará aprobando.

México

En los Estados Unidos Mexicanos, el Contrato de Franquicia se encuentra regulado por la Ley de Propiedad Industrial, que está en vigor desde el 28 de junio de 1991, que viene a definir a la Franquicia de la siguiente manera: "Artículo 142.- Existirá franquicia, cuando con la licencia de uso de una marca se transmitan conocimientos técnicos o se proporcione asistencia técnica, para que la persona a quien se le concede pueda producir o vender bienes o prestar servicios de manera uniforme y con los métodos operativos, comerciales y administrativos establecidos por el titular de la marca, tendientes a mantener la calidad, prestigio e imagen de los productos o servicios a los que ésta distingue. Quien conceda una franquicia deberá proporcionar a quien se la pretende conceder, previamente a la celebración del convenio respectivo, la información relativa sobre el estado que guarda su empresa, en los términos que establezca el reglamento de esta Ley".

Ese reglamento dispone, en su artículo 65, que el contrato de Franquicia deberá incorporar, cuando menos, los siguientes elementos:

a) Nombre, denominación o razón social, domicilio y nacionalidad del Franquiciante;
b) Descripción de la franquicia;
c) Antigüedad de la empresa Franquiciante de origen y, en su caso, Franquiciante maestro en el negocio objeto de la franquicia;
d) Derechos de propiedad intelectual que involucra la franquicia;
e) Montos y conceptos de los pagos que el Franquiciatario debe cubrir al Franquiciante;
f) Tipos de asistencia técnica y servicios que el Franquiciante debe proporcionar al Franquiciatario;
g) Definición de la zona territorial de operación de la negociación que explote la franquicia;
h) Derecho del Franquiciatario a conceder o no subfranquicias a terceros y, en su caso, los requisitos que deba cubrir para hacerlo;
i) Obligaciones del Franquiciatario respecto de la información de tipo confidencial que le proporcione el Franquiciante, y
j) En general las obligaciones y derechos del Franquiciatario que deriven de la celebración del contrato de franquicia.

En México hay un Institutode Propiedad Industrial, que es quien posee la competencia en esta materia y es en este en donde se van a registrar los contratos de Franquicia. Cabe destacar la importancia que tienen las Franquicias en México, al ser el segundo país con mayor número de Franquicias en Latinoamérica, después de Brasil y uno de los países con mayor avance y desarrollo a nivel mundial.

Argentina

En la nación Argentina está próximo a ser aprobado una Ley de Franquicias Comerciales, cuyo principal objeto es el desarrollo de un marco jurídico particular para este régimen y establecer las condiciones básicas y generales para que opere una Franquicia en aquel hermano país.

En esta norma se define lo que es la Franquicia, a las partes, al Contrato per se, el Sistema de Negocios (o "Know How"). A la vez limita la autonomía de voluntad de las partes al establecer un plazo mínimo de 3 años irrevocables (salvo causa que lo amerite). Otros aspectos son que se regula el contenido mínimo de este contrato, los derechos y obligaciones de los contratantes

Con esta norma se pretende crear un Registro de Empresas Franquiciantes (REF) para que todos los que operen bajo esta modalidad de negocios se inscriban y vele por los intereses de las partes. Todo eso en consideración al alto grado de valor social que representan las Franquicias en esa hermana nación, siendo fuente de miles de empleos.

España

En el Reino de España no se posee una regulación exclusiva del Contrato de Franquicia mas si se brinda una definición en el Artículo 62 de la Ley 7/1996 de Ordenación del Comercio Minorista. Esther de Felix Parrondo y Manuel Díaz Baños consideran que este artículo (P. 2) se ha desarrollado mediante el Real Decreto 201/2010, del 26 de febrero, por el que se regula el ejercicio de la actividad comercial en régimen de franquicia y la comunicación de datos al registro de franquiciadores. En este último Real Decreto se garantiza la centralización de los datos relativos a los franquiciadores, a los efectos de información y publicidad; y, a este fin, se fijan las directrices técnicas y de coordinación entre los registros similares que pueden establecer las comunidades autónomas, bajo el principio de interoperabilidad de registros y ventanillas únicas previstas (algo similar a lo que vendría a ser la Ventanilla Única de Inversiones que se está poniendo en marcha en Nicaragua).

La definición aportada por el artículo 62 de la Ley 7/1996 determina lo siguiente: "La actividad comercial en régimen de franquicia es la que se lleva a efecto en virtud de un acuerdo o contrato por el que una empresa denominada franquiciadora, cede a otra, denominada Franquiciada el derecho a la explotación de un sistema propio de comercialización de productos o servicios.

Según la Asociación Española de Franquicias, el régimen establece lo siguiente como contenido mínimo para que opere una Franquicia:

- El uso de una denominación o rótulo común u otros derechos de propiedad intelectual o industrial y una presentación uniforme de los locales o medios de transporte objeto del contrato.

- La comunicación por el franquiciador al Franquiciado de unos conocimientos técnicos o un saber hacer, que deberá ser propio, sustancial y singular, y

- La prestación continúa por el franquiciador al Franquiciado de una asistencia comercial, técnica o ambas durante la vigencia del acuerdo; todo ello sin perjuicio de las facultades de supervisión que puedan establecerse contractualmente.

A la vez, es notaria la obligatoriedad de inscripción en el Registro de Empresas Franquiciadoras, a como se pretende hacer en Argentina, a todas las empresas que deseen desarrollar sus negocios bajo esta fórmula. Esto implica, que no se puede formalizar un contrato de franquicia, si el franquiciador no se encuentra inscrito en dicho registro.

Unión Europea.

La Unión Europea, ha dispuesto, en el reglamento 4,087/88 de la Comisión Europea para el Otorgamiento de la Franquicia, que será necesario para que sé de una Franquicia, que se otorgue y utilice una marca y otro signo distintivo, con la uniformidad en la presentación de los locales, en aras de mantener la unidad de la red de cadenas. A la vez, a través de la Federación de Franquicias Europeas, un Código Deontológico de la Franquicia Europea, en donde establecen que la Franquicia es un método de colaboración contractual entre dos partes jurídicamente independientes e iguales. A la vez, se sientan clasificaciones de Franquicias en base a la naturaleza y prevé una serie de comportamientos éticos para las partes, con el objeto de evitar la competencia desleal. Este código solo sirve con efectos de referencia puesto que no es vinculante.

Sin embargo, recientemente hubo una polémica en el viejo continente (Jalife Daher, Mauricio. Crónica de Propiedad Intelectual. P. 467) por una iniciativa que pretendía atacar las libertades con que actuaban las partes dentro de la Franquicia, al pretender eliminar la cláusula que establece la exclusividad que tendrá el Franquiciante como proveedor de la materia prima del Franquiciado, excluyendo de esta posibilidad a los demás oferentes. Esta iniciativa se dio por considerar que esta práctica auspiciaba la competencia desleal. Igualmente, otra iniciativa dentro de ese proyecto era suprimir la prohibición de ejercer la actividad económica del rubro del Franquiciante por un determinado período de tiempo. Si alguna vez llega a prosperar este proyecto, las ventajas que ofrecía la Franquicia como técnica de hacer comercio vendrían para abajo, debiendo las mismas replantear sus estructuras y funcionamientos.

Estados Unidos de América

Debido a que Estados Unidos se rige por un sistema Federal, cada Integrante de la Federación posee su propio ordenamiento jurídico interno, por lo que es de destacar que no todos los Estados regulen esta materia, siendo solo quince los que sí lo hacen, siendo estos: California, Hawái, Illinois, Indiana, Maryland, Michigan, Minnesota, Nueva York, Dakota del Norte, Oregón, Rhode Island, Dakota del Sur, Virginia, Washington y Wisconsin según la UFOC (Oferta Uniforme de Franquicia, según sus siglas) y la FTC (Comisión Federal de Comercio), siendo estos últimos los órganos que poseen la competencia en materia de Franquicia en aquella hermana nación.

No es de extrañar lo desarrollado que se encuentra este régimen en los Estados Unidos, tomando en consideración que el Contrato de Franquicia surge como tal en esa nación, a mediados del siglo diecinueve. Este régimen contempla un sinnúmero de regulaciones, abarcando varios aspectos, desde la adquisición de Franquicias por parte de extranjeros, hasta exenciones, en base al monto de la inversión.

3.3 Marco General Regulatorio

Considerando los ntecedents presentados por otros Estados, en donde hemos tomado previamente los ejemplos de Argentina y España, cuyas actualizadas legislaciones se adaptan a los requerimientos del día, podemos manifestar que los elementos que deben abarcar un marco general que pretenda regular al Contrato de Franquicia deberán ser los siguientes:

Definiciones: Para estar claro del alcance de las diversas nociones que se presentan en esta figura contractual. Entre los conceptos que se deben definir están: Franquicia, Franquiciante, Franquiciado, Contrato de Franquicia, Sistema de Negocio (o Know-How), secretos comerciales, regalías, entre otros. A la vez, definir las distintas clases de Franquicia que existen, en base a la naturaleza de la actividad a desempeñar, tales como Franquicias industriales, de Distribución o de Servicios. El proyecto de Ley de Franquicias Comerciales en Argentina prevé un apartado bastante completo en cuanto al alcance de determinados conceptos afines en su artículo segundo.

Derechos y Obligaciones: Se debe establecer con certeza los límites entre los derechos de una parte con el inicio de las obligaciones del mismo, en aras de poder determinar responsabilidades y facultades de cada una. Otros Estados incluyen un aparcado para este tópico, tal como el artículo octavo del proyecto de ley de franquicias comerciales de Argentina. Como mínimo, los siguientes derechos y obligaciones se deberían de pactar para las partes:

Franquiciante

Obligaciones del Franquiciante:

- Otorgar una licencia de uso para cualquier derecho de propiedad intelectual afín al negocio, tal como las marcas, nombres comerciales o emblemas, lemas comerciales o cualquier otro signo distintivo así como las patentes o los diseños industriales que se puedan ocupar.

- Brindar, en forma de un manual de operaciones, el conjunto de conocimientos que aglomeran al Sistema de Negocios (el famoso Know-How) para que el Franquiciado pueda operar a como lo haría el Franquiciante. En el mismo se establecerán, entre otros, las guías de diseño, la forma de atención con el cliente, registros contables, formulas secretas para la elaboración de productos.

- Dar asistencia técnica constante al Franquiciado.

- Delimitar el territorio de ubicación exclusiva del establecimiento, su alcance y si podrá dar subfranquicias o abrir otras sucursales.

Derechos del Franquiciante:

- Requerir al interesado a que le comparta sus datos financieros como empresario, en aras de determinar la viabilidad de la operación.

- Percibir ciertas retribuciones tales como regalías o el pago por el derecho de entrada

- Establecer directivas financieras, administrativas, comerciales y de control a las que debe sujetarse la otra parte.

- Fiscalizar las operaciones del Franquiciado.

Franquiciado

Obligaciones del Franquiciado:

- Compartir la información financiera previo a la firma del Contrato con el Franquiciante.

- Pagar las retribuciones pactadas en el contrato.

- Atender a los directrices y al manual de operaciones planteado por el Franquiciante.

- Abstenerse de seguir empleando los derechos de propiedad intelectual del Franquiciante una vez concluida la relación contractual.

- No incurrir (ni él ni su personal de apoyo) en ninguna actividad económica del mismo rubro que la del Franquiciante por un determinado periodo de tiempo una vez terminado el contrato.

- Obtener todos los permisos y licencias necesarias para el funcionamiento del negocio.

- Subfranquiciar a terceros, salvo que posea la exclusividad para eso.

- No tener o adquirir participación en alguna empresa del mismo rubro económico que el que es objeto de explotación en la Franquicia.

Derechos del Franquiciado:

- Usar la marca, emblema o cualquier signo distintivo o derecho de propiedad intelectual afín al sistema de negocios.

- Ser el titular exclusivo en un territorio delimitado del derecho de explotación del negocio dado bajo la modalidad de Franquicias.
- Gozar del asesoramiento constante del Franquiciante, sobre todo en la fase de inicio de operaciones.

- Proponer cambios en las políticas administrativas que rigen al sistema de negocios.

Plazo Mínimo: Siguiendo lo aportado por la iniciativa de Argentina, consideramos necesario establecer un período de tiempo mínimo para que el Franquiciado pueda explotar el negocio, clasificando los diversos rubros económicos dentro de la actividad mercantil, con independencia de algún plazo diferente e inferior planteado por el contrato, el cual-si se da el supuesto-se tomara como nulo.

Transmisión de derechos de propiedad intelectual: Consideramos que lo regulado por la Ley de Marcas y otros signos distintivos en cuanto a las Licencias de Uso operaría de una manera óptima en nuestro sistema, por lo que una hipotética norma podría remitir a lo dispuesto por la referida Ley de Marcas.

Transmisión del Sistema de Negocios o Know-How: Fijar que cuando se dé un Contrato de esta modalidad, deberá de pactarse en sus términos la cesión de este conjunto de conocimientos, a manera de un contrato anexo, en aras de permitirle al Franquiciado operar a como lo haría en condiciones normales el Franquiciante.

Otorgamiento de Subfranquicias: El Contrato debe incluir si se va a otorgar la facultad al Franquiciado de poder brindarle a terceros subfranquicias. En caso contrario se deberá de entender como norma que tal facultad se la ha reservado el Franquiciante. A la vez, determinar expresamente que si se permite la apertura de sucursales adicionales o no, en caso contrario deberá de entenderse que esa faculta sí ha sido otorgado al Franquiciado

Hacer referencia en cuanto a la exclusividad: Este marco regulatorio debe sentar las bases para que el Franquiciado pueda explotar, con carácter de exclusivo, el negocio en un determinado espectro territorial que será negociado por las partes, pudiendo ser una exclusividad en cuanto al distrito, a la ciudad, al departamento, a la región o ya sea carácter nacional.

Secretos Comerciales: Establecerse en el contrato que información se tendrá como privada y considerada como un secreto comercial, tales como las formulas o el manual de negocios, en base a la definición que se le otorgara a la misma. A la vez, se podría remitir a las normas penales en el caso de incumplimiento de este deber.

Abstención: Fijar, salvo pacto en contrario de las partes, un plazo mínimo por el cual el Franquiciado (o su personal) no podrán incursionar en determinada actividad económica que sea similar a la del Franquiciante, estableciendo categorías de rubros económicos. Esto con el objeto de impedirle al Franquiciado competir, por un período de tiempo inmediato a la culminación del contrato, con el Franquiciante, a sabiendas de que posee la mayoría de las destrezas que el Franquiciante, quien fue quien se las compartió.

Causales de extinción del contrato: Debido a los intereses y los sacrificios que están en juego en este tipo de negociaciones y contratos, las causales de rescisión tienen que estar bastante claras, en aras de proteger a las partes. Se deben fijar elementos de fuerza mayor que sean los únicos que permitan la culminación del contrato, tales como:

- **Cumplimiento del plazo:** Salvo que las partes hayan previsto la renovación del contrato, el mero transcurso del plazo de tiempo pactado será razón suficiente para ponerle fin a la relación contractual. Debemos destacar que pese a estar concluida la relación, el Franquiciado (y su personal dependiente) aún posee obligaciones de sigilo y abstención respecto al Franquiciante, por un marco de tiempo racional.

- **Incumplimiento de alguna de las partes:** Si alguno de los contratantes dejan de cumplir con alguna de sus responsabilidades tales como: asistencia continua, falta de acatamiento a las guías de diseño o al sistema de negocios (Know-How), entre otras, estarían acreditando al otro contratante para ponerle fin a la relación, no sin antes seguir los procedimientos para poder ponerle fin a la misma, tales como los avisos y las advertencias escritas que se le deberán formular al infractor.

- **La denuncia de alguna de las partes:** Si alguno de los contratantes se ve involucrado en algún altercado que atente contra la buena imagen del negocio y de la marca, la otra parte estará facultada para deslindarse de la relación contractual, con el objeto de proteger su reputación.

- **La quiebra de alguna de las partes:** El hecho de que alguno de los contratantes incurra en el estado de insolvencia le impedirá poder ejercer cualquier actividad comercial, imposibilitándolo de seguir trabajando bajo la modalidad de Franquicia, sea el Franquiciante o el Franquiciado.

- **La muerte del Franquiciado (si se trata de una persona física):** Como el Contrato y las negociaciones se dieron en virtud de la confianza mutua que impera entre los contratantes, que el Franquiciado perezca le generara desconfianza al Franquiciante por el hecho de no conocer con quien va a estar tratando y quien va a usar sus signos distintivos y su reputación. Caso contrario sería si el Franquiciante negoció con una empresa, en donde la muerte del líder de esta no implica la desaparición del negocio.

- **Fuerza mayor:** Cuando se den hechos de fuerza mayor que imposibiliten seguir operando el negocio, las partes de común acuerdo podrán dar por terminada la relación contractual sin mayor responsabilidad, salvo las pendientes.

Órgano Competente: Se le debe otorgar la competencia y rectoría de esta norma a una institución centralizada y capacitada para velar por el cumplimiento de las disposiciones de una hipotética Ley y que a la vez este encargada de fomentar el ejercicio de las Franquicias. En el apartado que se designe para desarrollar el otorgamiento de esta competencia, se le deberán atribuir una serie de facultades que le permitan cumplir con su objeto, tales como:

Registro Nacional de Franquicias: Prever la creación de un Registro Nacional que pueda llevar el control de todos los negocios que operan bajo esta modalidad, atribuyéndole a la acción de registrarse el carácter de obligatorio, y facultando al Registrador o al órgano competente la imposición de sanciones pecuniarias a los que incumplan. Ordenamientos como el español, a través del Real Decreto 201/2010, en su tercer capítulo, mandan a crear a este órgano para llevar un mejor control sobre las Franquicias y cuya naturaleza es administrativa y publicitaria meramente, aunque la inscripción es de carácter obligatorio, llegando a ser la misma norma la que proporciona un formulario de inscripción.

Estos elementos se deben compartir mediante una técnica legislativa de redacción moderna, en donde se divida a través de capítulos, sugiriendo los siguientes capítulos:

- Capítulo I: Objeto y Definiciones.
- Capítulo II: De las Partes y sus Derechos y Obligaciones.
- Capítulo III: Contenido Mínimo del Contrato.
- Capítulo IV: Causales de Terminación del Contrato.
- Capítulo V: Órgano Competente.

- Capítulo VI: Del Registro Nacional de Franquicias.
- Capítulo VII: Disposiciones Finales.

3.4 Competencia, Institucionalidad y Gremialidad

En este marco regulatorio se debe establecer quién será el órgano rector del cumplimiento de esta hipotética norma, resultando de lo más lógico que dicha tarea le debería competer a una entidad centralizada al Ministerio de Fomento, Industria y Comercio (MIFIC), pudiendo ser el Registro de la Propiedad Intelectual, que es quien vela por los mejores intereses de los Derechos de Propiedad Intelectual, activos tan invaluables y valiosos, y a la vez, crear una Dirección o Registro Nacional de Franquicias.

Una vez creado el referido Registro Nacional, se debería de seguir el ejemplo planteado previamente por España, México y Argentina, al igual que otros Estados, en el sentido de la obligatoriedad de la inscripción de las entidades que otorguen Franquicias o aquellos que estén operando de esa manera.

Ese mismo órgano rector debería tener bajo su competencia la promoción de esta actividad, debiéndole asignarse una partida presupuestaria para la promoción de Nicaragua como un destino atractivo de Franquicias, a como muy efectivamente otras agencias han hecho en la promoción de otros rubros de la nación.

Así mismo, esa hipotética Ley, debería destinar un apartado para la constitución y registro de una cámara gremial dedicada a velar por los intereses de los empresarios que actúan bajo la modalidad de Franquicias, previendo las formas de operación de las mismas y pudiendo establecerse cuantas cámaras consideren necesarias los interesados.

3.5 Solemnidades constitutivas

La forma de este contrato debe ser estrictamente escrita, en aras de poder demostrar la existencia de los derechos y las obligaciones del mismo y para poder registrar el presente contrato. Consideramos que debería darse mediante un contrato privado, firmado en dos tenores y de estilo libre, pero que obligatoriamente deba incorporar los elementos propios de una hipotética norma.

A la vez, se debe reservar el derecho a las partes para poder protocolizar el contrato a Escritura Pública, a voluntad de cualquiera de los interesados, en aras de dotarlo de la fuerza y los efectos que conlleva la fe pública otorgada por un Notario como tal.

En este capítulo se desarrolló el contenido que debería abarcar un marco regulatorio de las Franquicias en Nicaragua, atendiendo a los factores internos del país así como con el apoyo del derecho comparado de naciones hermanas, determinando los elementos que consideramos necesarios, tales como la creación de un Registro Nacional de Franquicias, o del contenido mínimo del contrato.

Se enfatizó que un marco regulatorio debería estructurarse diversos capítulos en base a las necesidades de cada uno, dejándose en seis los apartados más un último dedicado a disposiciones finales. En cada capítulo se procura desarrollar elementos importantes dentro del Contrato de Franquicia, incorporándose las definiciones que nos permitirán tener una idea clara del alcance de cada una; las partes más sus derechos y obligaciones; el contenido del contrato; causales de terminación del contrato; el órgano competente y la creación de un Registro Nacional de Franquicias, siendo esos aspectos un reflejo de las tendencias modernas que actualmente legislan a esta figura en otros ordenamientos jurídicos.

Estamos convencidos de que con un adecuado marco regulatorio, la imagen del país frente a la comunidad internacional, en materia de propiedad intelectual, vendría a revolucionarse, por la seguridad jurídica que se le dotaría a las partes.

CONCLUSIONES

Una vez analizada la figura contractual de la Franquicia, hemos destacado las necesidades por la cual surgió esta nueva figura contractual (con el reconocido caso de las máquinas de coser SINGER) hasta llegar a su cumbre con el surgimiento de los gigantes emblemas de las Franquicias tales como McDonalds, Pizza Hut, Subways y tantas otras reconocidas marcas, quedando plenamente demostrado la valía de estos negocios en el esquema mundial de hoy, pasando someramente por Nicaragua, donde tanto el gran empresario (con su reconocida marca) y el pequeño empresario pueden sostener una relación contractual en donde el éxito de la misma tiene altas posibilidades. A la vez, destacamos porque esta figura es tan usada mediante un meticuloso análisis de la naturaleza jurídica de esta figura contractual, destacando la independencia que imperara en todo momento sobre las partes.

A la vez, se desarrolló a fondo lo que es la figura del Contrato de Franquicia en sí, al conceptualizarla primero, para estar claros del alcance de la misma. Igualmente, se abordó a las partes intervinientes en la relación contractual (el Franquiciante y el Franquiciado), destacando los derechos y las obligaciones de cada uno de ellos. Luego hubo en repaso de las cláusulas que consideramos son imprescindibles para darle forma al Contrato, destacando algunas como la exclusividad, las regalías, los estándares de calidad y funcionamiento, la capacitación y asistencia, entre otros elementos importantes para acabar con una relación entre el Contrato de Franquicia con otros contratos accesorios al mismo, a como lo son el Saber-Hacer (o Know-How) y la Licencia de uso de marca/nombre comercial. Este capítulo concluyo con una breve clasificación del contrato en atención a diversos factores tales, como: el territorio, la finalidad, el objeto, la persona del Franquiciado o la generación.

Por último, hemos hecho un análisis de la situación jurídica del Contrato de Franquicia en Nicaragua, destacando que pese a que no hay un marco regulatorio particular para las Franquicias, hay determinados cuerpos normativos que sirven de incentivos para el establecimiento de las mismas y haciendo una somera referencia al estado del país. Luego se analizó la experiencia legislativa de otros ordenamientos jurídicos, tales como México, España o Argentina, cuyos precedentes sirvieron como base para alimentar los elementos de la propuesta del marco regulatorio, en donde se incorporó todo aquel elemento propio de esta figura y se propuso la inclusión de un órgano rector para esta norma, que operaría a través de un Registro Nacional de Franquicias. Además, se sientan las bases para abrir entidades gremiales que protejan los intereses de aquellos que operen bajo esta modalidad de negocios, concluyendo con que Nicaragua se encuentra en una condición óptima para abrirse a los mercados internacionales y captar la atención de las grandes franquicias.

RECOMENDACIONES

1. Adecuar a nuestro Ordenamiento Jurídico para la incorporación de la regulación del Contrato de Franquicia, mediante la inclusión en algún cuerpo normativo, ya sea a través del nuevo proyecto de Código de Comercio o una Ley concreta, sin excluir la posibilidad de reformar las leyes de fomento a la inversión y al turismo para señalar al negocio bajo la modalidad de Franquicia como uno de los beneficiados de las exenciones, tanto tributarias como aduaneras) que otorga el Estado a aquellos que deciden invertir en Nicaragua.

2. Estimular a las grandes empresas extranjeras para que vean a Nicaragua como un destino idóneo para el establecimiento de Franquicias, en base a un sólido marco regulatorio que garantice seguridad jurídica. A la vez, incentivar a los empresarios locales para que sean exportadores de Franquicias y el producto nacional pueda traspasar fronteras, lo que solo puede beneficiar al país, mediante la dotación de herramientas e información que le permitan al empresario local expandirse. Para estas labores, el órgano rector deberá coordinarse con las agencias de promoción de la inversión extranjera directa para que vean las condiciones socio jurídicas de Nicaragua como óptimas para ejercer actividades económicas bajo la modalidad de Franquicia.

3. Sentar las bases para tener un órgano que supervise el cumplimiento de un hipotético marco regulatorio, mediante la consolidación de un Registro Nacional de Franquicias y se dé a la labor de fomentar el sistema de franquicia dentro de la actividad empresarial nicaragüense. Este órgano consideramos pertinente que sea parte del Ministerio de Fomento, Industria y Comercio (MIFIC), por ser esta la institución pública encargada de velar por las actividades comerciales e industriales. A la vez, fomentar la creación de un gremio, en donde todos los que operen bajo esta figura pueda defender sus intereses.

LISTA DE REFERENCIA BIBLIOGRÁFICA

Arce Gargollo, Javier. Contratos Mercantiles Atípicos. (5ta ed.). Editorial Trillas.

Bendaña-Guerrero, Guy José. Estudio de los Contratos. UAM.

Castrillón y Luna, Víctor M. Contratos Mercantiles. Editorial Porrúa.

Chuliá Vicént, E. & Beltrán Alandete, T. Aspectos Jurídicos de los Contratos Atípicos I. (4ta ed.) J.M. Bosch Editor.

Código Civil de Nicaragua. Gaceta, Diario Oficial de la República de Nicaragua, 5 de febrero de 1904.

Código Civil de Chile. Diario Oficial de la República de Chile, 14 de diciembre de 1855.

Código de Comercio de Chile. Diario Oficial de la República de Chile, 23 de noviembre de 1865.

Código de Comercio de Nicaragua. Gaceta, Diario Oficial de la República de Nicaragua, 30 de octubre de 1916.

Escobar Fornos, Iván. Derecho de las Obligaciones. (2da ed.) Hispamer.

Fernández, Julio. Derecho de los Contratos. 2003.

Guzmán García, Jairo José. Apunte de Derecho de los Contratos. UCA.

Herrera Espinoza, Jesús Jusseth. Contratos Atípicos. Editorial UCA.

Jalife Daher, Mauricio. Crónica de Propiedad Intelectual. Editorial ISTA.

Ley N° 344 de Promoción de Inversiones Extranjeras. La Gaceta, Diario Oficial N°97 del 24 de mayo del 2000.

Ley N°380 de Marcas y Otros Signos Distintivos. La Gaceta, Diario Oficial N° 70 del 16 de abril del 2001.

Ley de la Propiedad Industrial. Diario Oficial de la Federación de los Estados Unidos Mexicanos. 27 de junio de 1991

Maldonado Calderón, Sonia. Contrato de Franchising. SF. Editorial Jurídica de Chile.

Mojerón Grillo, Ailed. El Contrato de Franquicia. Cuba.

Pérez Hualde, Fernando. Derecho de los Contratos. 2003.

Proyecto de Ley sobre Franquicias Comerciales. Congreso de la Argentina. 2008.

Real Decreto 206/2010 del Reino de España. Ministerio de Industria, Turismo y Comercio. 13 de marzo del 2010.

Reglamento (CEE) No 4087/88 de la Comisión de Comunidades Europeas.

Ureña, Manfred. El Contrato de Franquicia o Franchising. 2003.

Viteri Díaz, Galo Fernando. El Contrato de Franquicia.2006.